2 歳児の あそび

年齢別
保育資料

伊瀬玲奈／編著

ひかりのくに

はじめに

　2歳の子どもの生活とあそびは、生まれてはじめて触れる、はじめて見る、はじめて行なうといったことの連続です。保育者は子どもがそうした「はじめて」と出会い、関わりを深めていく過程を丁寧に捉えようと努めているのだと思います。

　本書は、子どもにとって保育者とのあそびが、楽しく喜びに満ちているものになるように、その結果として充実感や満足感を味わうことができるようにという願いをこめて執筆しました。この本に掲載したあそびはどれも保育の実践から生まれたものばかりですが、保育は子どもと保育者が創り出していくものだと思います。目の前にいる子どものために創意工夫をしながら保育に活用をしていただきたいと願っています。

　子どもの内面を理解しようと努める保育者がいることで、子どもにとって好きなこと、楽しいことがある充実した園生活になっていくように

思います。子どもは保育者がそばにいてくれることで安心します。満足するまで遊ぶことで他者のあそびを「楽しそう」と思う気持ちが芽生え、その後に「みんなと一緒も楽しいね」という場面が生まれてくるのだと思います。あそびの資料としてわらべうたや手あそび、絵本も掲載しました。これらも子どもの「はじめて」を大切にしてまずは保育者と楽しんでほしいと願っています。

　本書は国立青少年教育振興機構理事長である鈴木みゆき先生が企画をしてくださいました。また、辛抱強く本書の発行まで支えてくださったひかりのくに株式会社書籍編集部安部鷹彦様、原稿整理に尽力してくれた和洋女子大学池田純菜さん・畑野好海さんには心から御礼申し上げます。

執筆者を代表して　伊瀬　玲奈

本書の特長と見方

子どもの育ちを支える、あそびのヒントがたっぷり詰まった1冊です。

あそびの前に

あそびを始める前にこれだけは押さえておきたい「子どもの発達」「保育所保育指針、教育・保育要領」について紹介します。保育室のページでは、実践してみたい工夫が満載です。

あそび

発達や季節に合わせたあそびを紹介しています。

関わりのポイント
保育者が気を付ける点や関わり方を紹介！

あそびが広がるポイント
あそびをもっと楽しくするヒントです。

季節など
実施するのにふさわしい発達の時期や季節、保育者数、準備の量がひと目で分かります。

● **ふれあいあそび**
保育者と子どものふれあいを大切にするあそびです。

● **からだあそび**
からだをいっぱい使うあそびです。

● **身近な素材あそび**
身の回りにある素材を使って遊びます。

● **手作り玩具**
身近な物で、簡単に作れる玩具です。

● **自然あそび**
葉っぱや風、水などに触れながら、自然を感じるあそびです。

● **行事あそび**
季節の文化行事に触れていくあそびです。

あそびの資料

手あそびや絵本など、乳児保育に役立つ資料を紹介します。

● わらべうた・手あそび

保育者と子どもが触れ合いながら楽しめるわらべうた・手あそびです。

● 絵本

生活やあそびなど、ジャンルごとに分けた絵本を紹介します。

● 玩具

どの園にもおきたい、子どもたちが大好きな玩具を紹介します。

全体のポイント

あそびがもっと楽しくなるヒントを紹介します。

絵本からあそびへ

絵本からあそびに発展させるヒントを紹介します。

生活の工夫

あそびと切り離せない、生活についての工夫を紹介します。

生活場面ごとの発達の様子を解説します。

着脱や排せつなどの支援について、保育の工夫を分かりやすく解説。

もくじ

第1章

ふれあいあそび

第2章

からだあそび

もくじ

第3章

身近な素材のあそび

第4章

自然あそび

もくじ

子どもの興味に合わせて遊ぼう！
素材別さくいん

からだひとつで

ペットボトル・ボトル・ボトルキャップ

ペーパー芯、テープ芯

段ボール板、段ボール箱

プチプチシート

紙袋、ポリ袋

牛乳パック

素材別さくいん

スズランテープ、紙テープ

新聞紙

ボール

フープ

素材別さくいん

 歳児の発達

❶運動機能 基本動作が滑らかに

歩行などの基本動作が滑らかになり、低い段差から飛び降りる、両足を揃えてジャンプする、ぶら下がるといった動きもできるようになってきます。全身を使った運動あそびを取り入れ、様々な身体の動きを試す楽しさが味わえるようにしましょう。

❷人間関係 他児と関わりをもとうとする

平行あそびの段階ですが、他児に関心をもち、語り掛けたり側に寄ったりなど関わりをもとうとする姿が増えてきます。まだ自分の思いが中心であるため、トラブルになることも多々あります。保育者が仲立ちとなって子ども同士をつないでいきましょう。

2歳〜2歳3か月頃（24〜27か月頃）

❸言葉の獲得 二語文が出始める

著しく語彙が増え、「ワンワン、いた」など二つの単語を組み合わせる二語文が出始めます。子どもの言葉に応じつつ質問を返したりなどして会話を広げていきましょう。言葉で伝える喜びが意欲につながっていきます。

❹表現 対の関係を認識する

「大きい－小さい」などの対の関係を認識し始めます。粘土あそびなどの中で「大きいね」などと言葉を添えていくとよいでしょう。偶然出来上がった物に意味付けをし、見立てたりする姿も見られるようになってきます。

❶ 運動機能　動作を調整して遊ぶ

　動作の速度や強弱、高低を調整することができるようになり、保育者のことばがけに応じた動きをすることも可能になってきます。足の力もついてきて、長い距離を歩いたり、三輪車にまたがって地面を蹴って進んだりすることもできるようになります。

❷ 人間関係　自己主張が強くなる

　自己主張の強い時期ですが、あそびや生活にルールがあることを理解し始めます。また、自立と依存の間で揺れ動く時期でもあります。その都度子どもの思いに寄り添って、受け止められる安心感を得られるよう関わりましょう。

2歳3か月〜2歳6か月頃（27〜30か月頃）

❸ 言葉の獲得
二語文が多様化する

　「○○だから〜しよう」といった二つの内容で構成されることばがけが分かるようになってきます。二語文も多様化してきますが、うまく言葉にできないことも多々あります。一生懸命伝えようとする姿を大切にし、子どもの思いをくみ取って接しましょう。

❹ 表現　異なる操作を組み合わせる

　「積む→並べる」といった異なる操作を繰り返すことから、徐々に「積む」「並べる」を同時に組み合わせて、見立てあそびをするようになります。また、手本をまねて線を写し取ったり、力強い線を描いたりするようにもなってきます。

2 歳児の発達

❶ 運動機能 全身を使って走る

　その場での連続ジャンプ、横歩きや後ろ歩き、左右交互に足を出して階段を上ることができるようになります。また、全身を使って走ることが可能になり、保育者の制止のことばがけで止まることもできるようになってきます。

❷ 人間関係 独り占めしようとする

　「これ、○○ちゃん（自分の名前）の！」と何でも独り占めしようとします。保育者が受容的に関わり丁寧に仲立ちをする中で、徐々に相手にも気持ちがあることに気付き始め、少しだけ他児に分けるといった姿も見られるようになっていきます。

2歳6か月〜2歳9か月頃（30〜33か月頃）

❸ 言葉の獲得 多語文が出始める

　発声も明瞭になり、複数の語彙を連ねて多語文を話すようになってきます。「今」「さっき」といった時間の認識も進み、助詞や副詞などを用いて経験したことを伝えようとします。ゆっくりと耳を傾け、伝えたい気持ちを支えていきましょう。

❹ 表現 丸を閉じて描く

　積み木や粘土などを使って、イメージしたものを構成するあそびがよく見られるようになります。また、丸を閉じて描き、丸の中に点や小さな丸を描くようになり、交差する線や長短の線も描けるようになってきます。

❶運動機能 片足立ちができる

つま先やかかと立ち、少しの間の片足立ちなどができるようになります。この時期に足裏を使って体を支える経験を重ねることで、土踏まずが形成されていきます。手指操作も巧みになり二本指の「チョキ」や三本指の「みっつ」もできるようになります。

❷人間関係 気持ちをコントロールする

徐々に他者の気持ちを受け止めたり、自分の思いと折り合いをつけたりすることができるようになってきます。見立てあそびや生活再現あそび、何かになり切るあそびが盛んになり、その中で他児と楽しさを共有しながら関わり合うことも増えてきます。

２歳９か月〜３歳頃（33〜36か月頃）

❸言葉の獲得
知的好奇心が高まる

「○○だから〜なの」と原因と結果を表す言葉を使い始めます。また、知的好奇心が高まり「これなあに？」と盛んに質問することが増えてきます。知的好奇心が満たされ、会話の楽しさを味わえるよう関わっていきましょう。

これなあに？

❹表現 手あそびを楽しめる

言葉や指先などの発達に伴い、歌やリズム、動作を伴う手遊びがますます楽しくなる頃です。紙の２つ折りやハサミでの１回切り、のりを使うこともでき始めます。発想や想像を膨らませて遊ぶことが楽しい時期なので、可変性のある素材や玩具を用意しましょう。

❶運動機能 ▶ バランス感覚が育つ

　粗大運動の基礎ができ、バランス感覚も育ってきます。三輪車のペダルをこぐ、片足で2～3秒立つ、つま先やかかとで2～3歩進むといったこともできるようになってきます。身体バランスや動作のスピードを調整するあそびを取り入れていきましょう。

❷人間関係 ▶ ルールを理解して遊ぶ

　貸し借りや交代、順番などのルールを理解して遊ぶようになります。他児とのトラブルも見られますが、その中で相手の気持ちに気付き自律心も育まれていきます。役割あそびや生活再現あそびなどのごっこあそびが、これまで以上に具体的・多彩に展開します。

3歳～3歳3か月頃（36～39か月頃）

❸言葉の獲得 ▶ 一人称が使える

　「ぼく」「わたし」と自分のことを一人称で呼べるようになります。他児の名前を呼んだり自分の気持ちを言葉で伝えたりなど、他児と会話しながら遊ぶことも増えてきます。数への興味も増し、3つ程度まで数えられるようになります。

❹表現 ▶ 顔らしきものを描く

　たくさんの大小の丸を描く、線や点と組み合わせるなどして、徐々に顔らしきものも描くようになります。大人側の認識で「顔に必要なもの」を捉え「鼻も描こうね」などと子どもに指示するのではなく、自由に表現する楽しさを味わえるようにしましょう。

❶ 運動機能 ⟨ 2つの動作を同時に行なう

片足ケンケンをする、平均台を渡る、マットででんぐり返りをするといった姿が見られ始めます。また、「○○しながら〜する」という2つの動作を同時に行なうことへの挑戦も見られます。挑戦への意欲や喜びが味わえるあそびを取り入れていきましょう。

❷ 人間関係 ⟨ 他児との遊びを楽しむ

ジャンケンの勝ち負けが分かるようになり、簡単なルールのあるあそびを他児と一緒に楽しむ姿が見られるようになります。最初は保育者が一緒に参加して子ども同士のあそびを支えましょう。また、好きな友達やお気に入りのものなど好みも出てきます。

3歳3か月〜3歳6か月頃（39〜42か月頃）

❸ 言葉の獲得

展開を予測する

盛んに質問して自分を取り巻く世界について知ろうとします。次第に、経験や知識を結び付けて思考するようになります。「○○したら〜する」と行動に見通しをもつことができ始め、絵本の展開を予測しながらストーリーを楽しむようになってきます。

おにがくるよ！

❹ 表現 ⟨ 歌を最後までうたう

簡単な歌であれば最後までうたえるようになります。左右の手で異なる動きもできるようになり、紙を持ってハサミで切ったり、多様な手あそびも楽しんだりします。また、頭から手足が伸びる"頭足人"や、経験・想像したことを描く姿が見られ始めます。

保育所保育指針

（幼保連携型認定こども園
教育・保育要領）

0・1・2歳児の保育で重要なこと

　3歳未満の乳児期は、身近な人や環境との関わり合いの中で、その後の成長の土台となる心と身体を育てていく極めて重要な時期です。こうした重要性を踏まえ、2018年施行の保育所保育指針、幼保連携型認定こども園教育・保育要領では、それ以前のものと比較して乳児保育の記載が充実しています。乳児期から学びの芽が育まれていることを念頭において、養護的な側面と教育的な側面を一体的に営んでいくことが求められます。

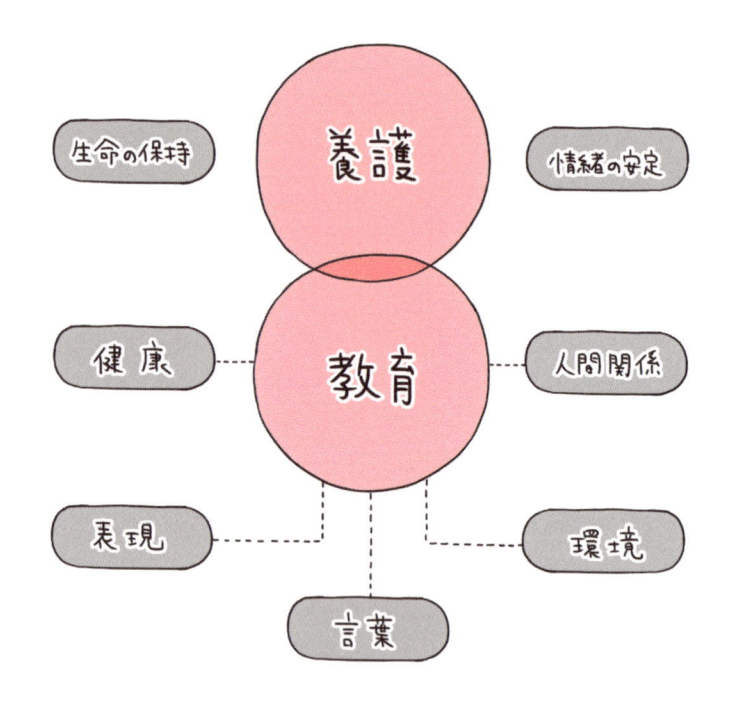

養護
生命の保持
情緒の安定

教育
健康
人間関係
表現
環境
言葉

おいしいね

気持ち
いいね〜

養護について

　子どもの心身の健やかな育ちには、生理的欲求が満たされ、愛情に包まれて安心して過ごせるようにする「養護」が基本となります。そのため、保育における養護では、子どもの生命の保持と情緒の安定を図ることが求められています。ここでの「生命の保持」と「情緒の安定」は切り離せるものではなく、相まって展開されます。単に身の回りの世話をするだけではなく、心地よさや安心感を得られるようにすることが重要です。

乳児保育（0歳児）の３つの視点

0歳児は発達が未分化な状態であることから、5領域につながっていく「3つの視点」で保育のねらいと内容が示されています。

1つ目は、「健やかに伸び伸びと育つ」という身体的発達に関する視点です。個々の発育に応じて、あそびの中で十分に身体を動かす機会を保障していきましょう。その際、心と身体の健康はつながっていることに留意し、身体を動かす心地よさや喜びを感じられるようにしていくことが大切です。そうした経験を重ねる中で自ら身体を動かす意欲が育まれていきます。

2つ目は「身近な人と気持ちが通じ合う」という社会的発達に関する視点です。初めて人との関わりをもつこの時期に、保育者が受容的・応答的に関わることで、人への信頼感が育まれていきます。また、自己を受け止めてもらえる安心感を得る中で、自分の感情を様々な表現で伝えようとします。乳児の表現から訴えを探り、受け止め、丁寧に応えていくことで、人への信頼感が深まり、自分を肯定する気持ちも育っていきます。

3つ目は「身近なものと関わり感性が育つ」という精神的発達に関する視点です。周囲の様々な環境と出会い触れ合う中で、好奇心や諸感覚が刺激されます。遊びや生活の中で、色、手触り、音、形といった多様な環境と出会えるよう工夫しましょう。環境と対話しながら、多様な働き掛けを試みることができるよう援助していきます。乳児の感じていることに心を寄せ、楽しさを共有する中で、表現が豊かになっていきます。

これらの3つの視点は、養護と一体的に展開され、各視点も互いに関連し合っています。

1歳以上3歳未満児の5領域

1歳以上3歳未満児から、健康・人間関係・環境・言葉・表現という5領域による保育のねらいと内容が示されています。しかし、この時期の発達の特性に合わせた内容となっているため、3歳以上児の5領域とは違いがあります。発達の連続性を意識して、0歳児の保育における「3つの視点」と、3歳以上児の保育における「5領域」と関連し合いながら保育を展開していくことが求められます。

例えば、この時期の発達の特性として、自我の芽生え・育ちが挙げられます。心身の発達に伴い自分でできることが増えてくるこの時期は、「自分でできる喜び」や「自分でやってみたい意欲」に満ちています。この喜びや意欲を十分に受け止め、支えていくことがこの時期の保育として重要となります。

また、多様な人との関わりが生まれてくる時期でもあります。特定の保育者との一対一の関係から、他の保育者や他児へと関わりが広がっていきます。周囲の人の存在に気付き、自分とは異なる存在としての認識も徐々に芽生えてくる頃です。人に関心をもち、やり取りや模倣を繰り返したり、時にはトラブルなども経験したりしながら、人と一緒に過ごす心地よさを感じられるよう援助していきましょう。

こうした発達の特性を踏まえ、5つの視点から子どもの育ちを捉えていきます。なお、この時期の育ちの土台には、人への信頼感や愛着関係、自己を表現できる安心感がしっかりと育っていることが重要です。したがって、養護の側面との重なりや一体性を念頭において保育を展開していきましょう。

健康・食育・安全について

　子どもの健康と安全の確保は、保育の基本となります。子どもの発育・健康状態をこまめに把握し記録すること、アレルギー疾患を有する子どもへの対応を把握し共有すること、食を営む力の基礎を育むための食育計画を日常生活と関連させて作成し実施すること、事故防止や疾病予防の体制・内容を整えていくこと、様々な災害を想定した対策を工夫することなど、子どもが健康で安全に生活するために必要なことについて、保育所内外と共有・連携していくことが求められます。

資質・能力、10の姿について

　2018年施行の保育所保育指針、幼保連携型認定こども園教育・保育要領では、生きる力の基礎を培うために育みたい資質・能力として3つの柱が示され、それを具体化した姿として「幼児期の終わりまでに育ってほしい姿」が10項目記載されています。この10項目は、子どもの育とうとしている姿を見とる手立てとして保育の省察や小学校との連携に生かしていくものであり、到達目標ではないことに注意しましょう。あくまでも、保育内容に示されるねらいに基づいて、乳児期からの保育を丁寧に積み重ねていくことが重要です。

2歳がゆったり過ごせるポイント・アイディア

1 ちょっとひと工夫（入り口）

家庭的な雰囲気づくりは戸の開け閉めから！

保育室の入り口は何度開け閉めされているでしょうか。バタン・ガラガラと意識せずに開け閉めをすると、子どもたちが開け閉めのたびに振り返り落ち着かない雰囲気になってしまうこともあります。

2 動線・目線ポイント（入り口）

子どもが保育室に入ったら、どんなあそびが目に入るのか確認してみよう

保育室に戻ったときに、子どもたちが好きな場、好きなあそびを選択できるように、教材をどの位置に置くとよいのか、子どもの目線から見える保育室の様子を確認してみましょう。そして実際に子どもたちの動線を見ながら適宜修正をしていきましょう。

3 ゆったり保育のポイント

玩具は子どもが出し入れしやすい位置に！

玩具入れは、物やあそびへの興味・関心・意欲を引き出せるように、子どもが手を伸ばすと取り出せる位置に設置しましょう。

4 ゆったり保育のポイント

ゆったりコーナー作りには、仕切りが大活躍！

保育室と家庭との大きな違いは空間の広さです。広すぎると落ち着かない場合もあります。あそびをゆったりと楽しむには、段ボールや牛乳パックなどで作った仕切りで、コーナーを作るとよいでしょう。

5 ちょっとひと工夫（食事スペース）

食事中に立ち歩かなくてもよいように位置＆必要物品を確認！

食事をする子どものそばに保育者が座り、子ども一人ひとりに適切な援助をするのが理想です。食事中に保育者が何度も立ち歩かなくてもよいように、保育者の手元に必要な物品を用意したり、おかわりの食事を置く位置なども、「どの位置がいいかしら」と保育者間で確認しましょう。

12 ちょっとひと工夫（あそびスペース）

いろいろな玩具で遊べるよう工夫を

玩具は、遊び方が分かりやすいもの、いじったりしているうちにあそびに導かれるもの、ままごとなど素材を組み合わせて遊ぶものなど、いろいろなものがあります。質的に異なる玩具を点在するように配置するとよいでしょう。

6 安全のポイント（食事スペース）

アレルギー情報を掲示！

アレルギーの子どもが在籍している場合は、献立、アレルギー食材など、誤食を防ぐための情報は保育室の中でも1か所にまとめるとよいでしょう。同時に個人情報にも配慮する必要があります。保護者からは見えにくく、保育者は確認しやすい位置を探しましょう。

やりたいあそびを選んで遊ぶようになり、友達との関わりも増えてくる2歳。互いに見えながらも、あそびがじゃまされないようなレイアウトが理想です。

11 動線・目線ポイント

あそびの質を考えてスペースづくりを

動かして遊んだり、積んだりつなげたりして遊ぶものは、子どもの往来が多い場所ですと、いざこざが起きやすくなります。往来が少なく落ち着いて遊ぶことができるスペース、のびのびとからだを動かして遊ぶことができるスペースなど、あそびの質を考えて環境をつくるようにしましょう。

10 ちょっと一工夫（着脱・排せつ）

着脱スペースは仕切りを利用して、視線を遮ろう

衣服の着脱やおむつ替えのときには、出入りする保護者や他の子どもからの視線をできるだけ遮ることができるように、仕切りやついたてを利用しましょう。時間帯によっては、定位置で行なうことが難しいこともあるでしょう。その場合は、移動が簡単な物も用意しておくと便利です。

9 ゆったり保育のポイント

動的スペースと静的スペースを使い分けよう！

2歳児になると、電車を長くつなげたり、大型積み木で大きな形を作ろうとしたり、ダイナミックに遊べるようになります。ひも通しやパズル、お絵描きなどの静的なあそびや、ままごとなどのごっこあそびも楽しむようになります。自分のイメージであそびをじっくりと楽しめるようなコーナーを作ると、その時々の気分で行き来することができます。ただし完全に仕切ってしまうのではなく、ほかのコーナーのあそびも目に入るようにしておくと、子どもが互いを意識しながら生活することができます。

8 ゆったり保育のポイント

絵本コーナーはゆったり空間に！

保育者が抱っこしてゆっくりと絵本を読んであげられるように、じゅうたんを敷き、クッションも用意しておくとよいでしょう。手作りの本棚などで、表紙が見えるように絵本を置くと、子どもが好きな絵本を見つけやすくなります。また年度当初は、子どもたちがゆっくりと遊べるスペースとしても使えるので、保育が落ち着いたものになります。

7 ちょっとひと工夫（あそびスペース）

玩具は量を調整して、散らからないように

子どもにとっては玩具を集めたり、持ち歩いたりするのもあそびです。保育室に玩具が散らかるときには、子どもの手が届く所に置く量を少なめにして、保育者が管理する場所に残りの玩具を置いておくとよいでしょう。遊びたい子どもが複数いるときには、寄せておいた玩具を追加して、それぞれの子どもがあそびを楽しめるように工夫しましょう。

コンパクトな保育室

コンパクトな空間で「遊ぶ」「食べる」「寝る」を、
少しでも子どもが心地よくできるように工夫を重ねている保育室の工夫をまとめました。

あそびと生活が並行できるように 子どもも保育者も 同じ動きを避けて

みんなで「いただきます」、「さぁ寝ましょう」という一斉的な保育形態から、活動のはじまりと終わりが重なり合う、可能な範囲で個人差に応じた保育に挑戦してみませんか。コンパクトな保育室でも工夫をすれば十分実現可能です。

生活場面をゆったりと行ないたいと思ったら、遠回りに感じてもあそび空間の充実が最優先。好きなあそびをしていると、もっと遊びたいという気持ちが刺激されて、あそびに夢中になり、その結果時間差が生じてきます。この時間差を利用して、個別的な関わりを増やしていきましょう。

壁や家具を利用して あそび空間に

コンパクトな保育室の床面積は限られています。そんなときには、家具の側面、裏面や壁など、あらゆる面を使って、あそびの場をつくり出していきましょう。

例えば、絵本を入れたウォールポケット、貼ったりはがしたりするあそびができるタペストリーを壁に掛けます。子どもが引っ張っても簡単にはずれてしまわないように、つるしたり、取り付けたりすると保育者もバタバタすることなく遊ぶことができます。

「いつでも遊べる」スペースを

　おやつや昼食のためにテーブルを出したり、お昼寝の時間には保育室いっぱいに布団やコットを敷いたりすると、どうしても遊ぶ空間が狭くなります。でも、あそび道具を全部片付けてしまうと、食後すぐに眠くならない子どもや、早く目覚めた子どもはどう過ごしたらよいのでしょうか。あそび道具が入ったカゴや壁面を利用した、「いつでも遊んでいいよ」という空間を少しでもよいので残しておくことが、少しでも無理強いを減らし、一人ひとりの生活リズムを大切にできるきっかけになっていきます。

体を動かして遊ぶスペースを

　コンパクトな保育室だからこそ、子どもたちが体を動かして遊ぶことができるあそび道具があるとよいでしょう。しかし、空間と保育者の人数は限られていますから、何でもよいというわけにはいきません。仕切りなどを用意して場所をつくるとよいでしょう。保育者がずっと側についていなくてはケガや子ども同士のトラブルが心配というものではなく、保育者は見守ることができる高さ、広さ、モノであること、お昼寝の時間などには保育者1人で簡単に移動できるといった可動性があると便利です。例えば、不要な布団をくるくると巻いたお手製丸型の長いクッション、布団や座布団、ジュースパックで作った枠などがおすすめです。

第1章

ふれあい あそび

喜怒哀楽の表現が豊かになります。

子どもとやり取りをしながら触れ合って遊ぶことで、

次第に子どもは保育者への信頼を寄せ、

園が安心できる場所へと変わっていきます。

保育者や同じクラスの子どもがしていることを、自分なりにまねて楽しむようになります。子どもと保育者のふれあいあそびから、子ども数人と保育者で楽しめるようになってきます。同じ場にいる子どもが楽しんでいることにも関心を寄せるようになっていきます。

発声も明瞭になり、複数の語彙を連ねて話すようになってきます。子どもによっては、子ども同士でも簡単なやり取りをしながら、同じ場で遊ぶことを楽しむようになってきます。子ども同士の関わりが増えると同時に、ぶつかったり、すれ違ったりする場面も増えてきます。保育者とのふれあいあそびを通して、丸ごと受け止めてもらう心地よさや安心を感じることが、子どもの情緒の安定にとって大切です。

何が出るかな？

季節	保育者数	準備
秋	一人から	なし

用意するもの	準備しておくこと
● 手袋、ドングリ	● なし

5つの領域を**Check!**

養護　環境　健康　人間関係　言葉　表現

遊び方

片方にドングリが入った手袋をはめ、どちらの手にドングリが入っているか聞く

保育者は両手を見せて、「どっちの手に入っているかな？」と聞きます。子どもはドングリが入っていると思う方の手袋を引っ張ります。

関わりのポイント

何回か繰り返し、遊び方が伝わったら、保育者が手袋を一人の子の手にはめてあげ、友達同士で取り組めるように促します。

あそびが広がるポイント

子ども同士で遊ぶときは、手袋ではなくミトンでもよいです。ドングリ以外でも、保育室にある小さめの玩具でもできます。

ひっぱりまぁ～す

季節	保育者数	準備
いつでも	一人から	かんたん

5つの領域をCheck!

用意するもの
- 大きな布、不要になった布団（子ども用）、カラーゴム

準備しておくこと
- 子ども用の布団を丸めて、大きな布でキャンディのように包みます。

作り方

布団を丸めて、数か所ゴムで仮留めする。

大きな布で布団を包み、左右をゴムで結ぶ。

遊び方

1 子どもが布団の上に座り、保育者が端を引っ張る

子どもの安定度によって引っ張る強弱を決めます。最初は一人から始め、二人、三人と座らせます。

関わりのポイント
引っ張るときは「電車が出発します！」「おイモをひっぱりまぁ～す！」など、そのときの子どもの興味に合わせて言葉を変化させます。

2 布団を引っ張り合いして遊ぶ

まずは保育者対子どもで引っ張りっこを楽しみます。そのうち、子ども同士で遊ぶようになります。

関わりのポイント
子ども同士で引っ張りっこを行なうときは、しりもちをついたり、転がったりしても安全なように環境を整えます。

ここだよ、ボール入れて

用意するもの
- フープ、ボール

準備しておくこと
- なし

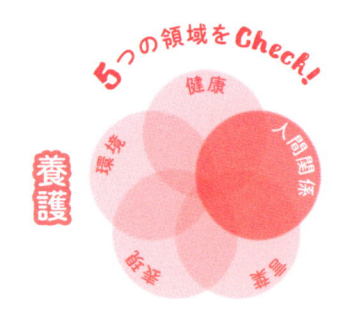

5つの領域を*Check!*

養護　環境　健康　人間関係　言葉　表現

遊び方

保育者が持ったフープの輪の中にボールを投げ入れて遊ぶ

保育者は子どもたちから離れてフープを持ち、「ここだよー」と声を掛けます。やり取りを楽しみながら遊びましょう。

関わりのポイント
子どもがボールを投げる前に、「このくらい?」と尋ねながら、フープの高さを調整します。

このくらいで大丈夫?

もっと!

あそびが広がるポイント
ボールを風船にしたり、フープの大きさを変えたりすると、あそびが広がります。

大きなボールを作ろう

季節	保育者数	準備
いつでも	複数で	なし

用意するもの
● 新聞紙、ポリ袋

準備しておくこと
● なし

5つの領域をCheck!
健康　人間関係　言葉　音楽　環境　養護

遊び方

保育者と一緒に新聞紙でボールを作る

新聞紙をちぎったり、裂いたりしてから、ボールを作って遊びます。あそびの様子を見ながら、大きなボールを作って遊びましょう。

関わりのポイント
新聞に触れたり、いじったりして遊ぶ姿を見守りながら、握るといろいろな形になることを伝えましょう。

あそびが広がるポイント

ポリ袋や洗面器、タライなど、新聞ボールを入れる物を用意すると、たくさん作りたいという気持ちになったり、集めたりして遊ぶことができます。

おはよう！　おやすみ

季節	保育者数	準備
いつでも	複数で	なし

用意するもの
- バスタオル

準備しておくこと
- なし

5つの領域を**Check!**

養護　健康　人間関係　環境　言葉　表現

遊び方

1 バスタオルを体に掛けて、寝るまねをする

おやすみなさい

子どもも保育者も横になり、バスタオルを体に掛けて「おやすみなさい」と寝るまねをします。同じ動きを求めることなく、子どもなりのイメージを大切にしましょう。

関わりのポイント

「○○ちゃん、寝ているね」「眠くなってきたな」など、保育者も子どもと楽しみながら、表現あそびにつなげていくとよいでしょう。

2 保育者が「朝ごはんだよ」と声を掛け、みんなを起こす

朝ごはんだよ

おはよう

しばらくしてから「朝ごはんだよ」と保育者が呼び掛け、子どもたちは「おはよう」と起き上がります。「○○ちゃん、おはよう」と一人ずつ名前を呼んであげましょう。

関わりのポイント

一人ひとりの表現やしぐさを認めて、みんなが楽しむことができるよう、子どもに合わせてことばがけを変えましょう。

あそびが広がるポイント

「おやすみなさい」と「おはよう」だけではなく、「いただきます」「ごちそうさま」など、日常生活の様々な場面を再現すると、より楽しめます。

中に入っているものはなあに？

季節	保育者数	準備
いつでも	複数で	かんたん

用意するもの
● 巾着袋、積み木などの玩具

準備しておくこと
● 巾着袋の中に玩具を入れておきます。

5つの領域をCheck!

養護　環境　健康　人間関係

遊び方

巾着袋の中に何が入っているのか当てる

中をのぞかずに、外から巾着袋を触ったり、香りを嗅いでみたりして何が入っているのかを考えます。「何だろうね」と順番に巾着袋を回していきます。

関わりのポイント
子どもが中をのぞくことを無理に制止するのではなく、中身を想像する楽しさを促すようにします。

何かな？

あそびが広がるポイント

「今度は何を入れてみる？」と子どもたちと考えながら遊ぶと、更にあそびが楽しくなります。

ごはんをどうぞ

用意するもの
- ままごとセット（食べ物）、お皿、トング

準備しておくこと
- なし

5つの領域を**Check!**

養護　健康　人間関係　環境　言葉　表現

遊び方

1 食べ物の玩具を選んで、保育者のお皿に乗せてもらう

保育者がお皿を持って「おなかがすいたな。何か食べたいな」と声を掛けます。子どもは、ままごとセットの中から好きな食べ物の玩具をトングでつまみ、お皿に乗せます。

関わりのポイント

トングで食べ物をつかんだり、乗せたりすることを楽しんでいるのか、ごっこあそびの一部として楽しんでいるのかを、子どもの様子から捉えて関わってみましょう。

2 子どもがお皿に乗せた食べ物を食べるまねをする

保育者は「食べてもいい？」と声を掛け、お皿の上のごはんを食べるまねをします。

関わりのポイント

「○○ちゃんの持ってきてくれた果物、おいしいな」など一人ひとりに声を掛け、丁寧に食べるまねをしましょう。

あそびが広がるポイント

食べ物など食材と調理された後の料理を意識して、用意してみましょう。作って遊んだり、料理を盛り付けて遊んだりとあそびが広がります。

いっしょにつなげよう

季節	保育者数	準備
いつでも	一人から	しっかり

用意するもの
● **フェルト、ボタン**（またはスナップ）

準備しておくこと
● フェルトを細長く切った物を複数用意します。ボタンを縫い付け、穴をあけます。

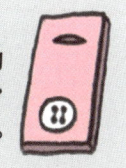

5つの領域をCheck!

養護 / 環境 / 健康 / 人間関係 / 表現 / 言葉

遊び方

フェルトをボタンでつないで遊ぶ

子どもがボタンをうまく掛けられないときには、保育者が「これとこれ、つなげる？」と問い掛けて、つなぎます。

関わりのポイント

保育者とやり取りをしながら、自分でつなげたり、つなげてもらうことを楽しんだりできるようにしましょう。

あそびが広がるポイント

ある程度の長さになったら、ネックレスのようにして子どもの首に掛けてあげたり、冠のように頭につけてあげたりしましょう。

もしもし　だあれ？

用意するもの
- ● 厚紙

準備しておくこと
- ● 厚紙をスマートフォンの大きさに切って絵を描きます。

5つの領域をCheck!

健康　人間関係　言葉　遊び　環境　養護

遊び方

電話ごっこをし、言葉のやり取りを楽しむ

スマートフォンの形に切った厚紙を耳に当て、電話ごっこをします。保育者は「もしもし、どなたですか？」と子どもに問い掛けます。子どもとのやり取りを楽しめるように応答しましょう。

関わりのポイント
最初は「もしもし、○○ちゃんですか」と名前を呼んであげましょう。

もしもし

もしもし

あそびが広がるポイント
子どもが自由に出し入れできる場所に置いておきましょう。片付け方も学べます。

風船プール

季節	保育者数	準備
いつでも	一人から	かんたん

5つの領域を Check!

健康 / 人間関係 / 環境 / 養護 / 言葉 / 表現

用意するもの
● ビニールプール（またはタライ）、風船（10個くらい）

準備しておくこと
● 風船を膨らませておきます。

遊び方

ビニールプールの中に風船を入れて遊ぶ

プールの中に、あらかじめ幾つか風船を入れておきます。保育者は子どもがプールの中にいるときに、風船を入れたり渡したりします。

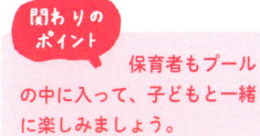

関わりのポイント
保育者もプールの中に入って、子どもと一緒に楽しみましょう。

あそびが広がるポイント
布団圧縮袋を用意し、中に風船を入れて空気を抜くと、上に乗っても割れにくい風船の布団ができます。

みんなでぽーん

用意するもの
- ポリ袋、風船

準備しておくこと
- ポリ袋の中に膨らませた風船をたくさん入れておきます。

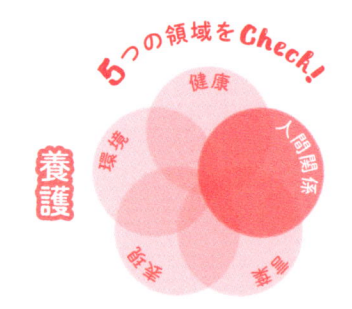

5つの領域を *Check!*

養護 / 健康 / 人間関係 / 環境 / 言葉 / 表現

遊び方

風船が入ったポリ袋をボールにして遊ぶ

引っ張ったり、みんなで持ったりして遊びます。

関わりのポイント

遊びながらポリ袋を増やして、みんなで遊ぶ楽しさも、自分なりに遊ぶ楽しさも味わえるようにしましょう。

あそびが広がるポイント

いろんな色の風船を用意して、風船を色別に分けたり、ポリ袋に入れてボールを作るところから遊んでみても楽しいでしょう。

行ってきます

季節	保育者数	準備
いつでも	一人から	しっかり

5つの領域をCheck!

養護 / 健康 / 環境 / 人間関係 / 言葉 / 表現

用意するもの
- ファスナー付きポリ袋、太いひも、玩具、シールなど

準備しておくこと
- ファスナー付きポリ袋に、子どもが斜めがけできるくらいの長さのひもをつけ、クラス全員分のお散歩バッグを作ります。

遊び方

お気に入りの玩具をお散歩バッグに入れて、肩に掛けて遊ぶ

お散歩バッグはフックに掛け、子どもが手に取れるようにしておきます。子どもがお気に入りの玩具をお散歩バッグに入れます。子どもがバッグを持ったとき、保育者は「いってらっしゃい」と声を掛けます。

関わりのポイント
「いってらっしゃい」「いってきます」の言葉のやり取りを楽しみます。

いってらっしゃい

あそびが広がるポイント

お散歩バッグに、シールや絵など、子ども一人ひとりのマークを付けると、「自分の物」として大切に扱うようになります。

カップで太鼓

用意するもの
- プラスチック製のコップ、インサートカップ、布テープ、プラスチックのマドラー

準備しておくこと
- コップやインサートカップの口を布テープで覆います。

5つの領域を**Check!**

健康・人間関係・環境・養護・音楽・言葉

遊び方

音楽に合わせてカップで作った太鼓をたたく

プラスチックのマドラーをバチにして、カップの太鼓をたたきます。

関わりのポイント
子どもが遊んでいる様子に合わせて、「○○ちゃんの太鼓聞かせて」「いい音がするね」など声を掛けましょう。

あそびが広がるポイント
洗面器に布テープを貼ると、大きな太鼓ができます。ラップ芯などでたたくと大きな音が出て楽しめます。

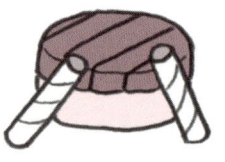

ハンカチバナナ

季節	保育者数	準備
いつでも	一人から	かんたん

用意するもの
● ハンカチ

準備しておくこと
● ハンカチバナナを作ります。

5つの領域を Check!

養護　環境　健康　人間関係

作り方

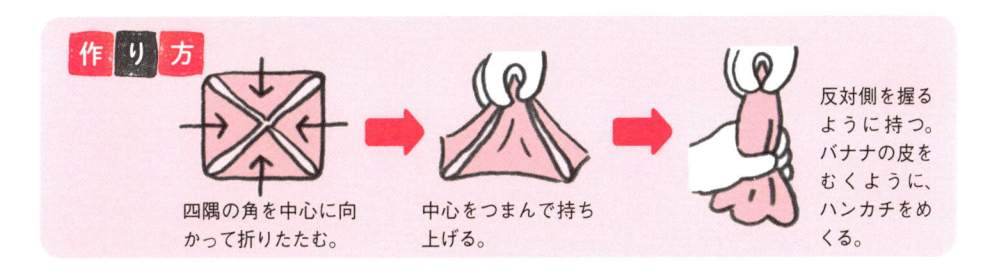

四隅の角を中心に向かって折りたたむ。

中心をつまんで持ち上げる。

反対側を握るように持つ。バナナの皮をむくように、ハンカチをめくる。

遊び方

ハンカチを折ってバナナに見立て、食べるまねをする

子どもの前でハンカチバナナを作り、「どうぞ」と差し出します。子どもはそれを食べるまねをします。

関わりのポイント
食べ終わると「なくなっちゃったね。もう一度作ろう」と声掛けをします。形の変化も楽しめるようにしましょう。

あーん

どうぞ

関わりのポイント
子どもが複数いる場合は、バンダナなどを使って大きなバナナを作ってあげてもいいでしょう。

誰の足跡？

用意するもの
- なし

準備しておくこと
- なし

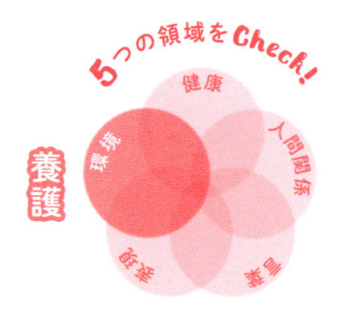

5つの領域をCheck!

養護　環境　健康　人間関係　言葉　表現

遊び方

ぬれた足で園庭に足跡をつけて遊ぶ

水あそびの後、ぬれた足で園庭に足跡をつけて楽しみましょう。

関わりのポイント

「○○くんの足あとみつけた！」などと子どもが興味をもてるような声掛けをします。

○○さんの
足あと
みつけた！

あそびが広がるポイント

園庭の一部に水をまいて、長靴をはいて「誰の足あと？」と足跡をつけて遊んでも楽しむことができます。

先生とシーソー

季節	保育者数	準備
いつでも	一人から	なし

用意するもの
● なし

準備しておくこと
● なし

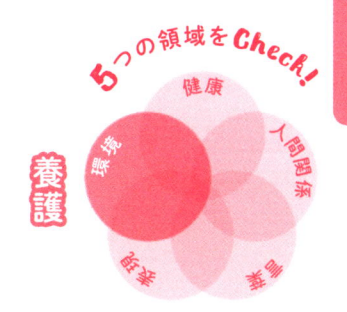

5つの領域を**Check!**

養護　環境　健康　人間関係　言葉　表現

遊び方

背中合わせになり、子どもを背中に乗せて遊ぶ

子どもと背中合わせになって腕を組み、少しずつ体を前傾させます。子どもの足が床から離れたら、ゆっくりと元の姿勢に戻ります。

関わりのポイント
背中合わせになって、子どもがピョンピョンジャンプするなどしている中で、「いっぱいジャンプ！」など声を掛けて、ゆっくりと体を前方に動かします。

関わりのポイント
子どもと背中合わせになったら「ぴったんこしたね」と、くっつきあそびを楽しむとよいでしょう。

あそびが広がるポイント

遊ぶ中で、子どもが「ジャンプして」とタイミングを決めたり、歌をうたいながらリズムに合わせたりすると良いでしょう。

電車ごっこ

季節	保育者数	準備
秋・冬	複数で	かんたん

用意するもの
● 縄、段ボール箱

準備しておくこと
● 段ボール箱の側面に穴を開けてひもを通して結び、持ち手を作っておきます。

5つの領域をCheck!

養護 健康 人間関係 環境 言葉 表現

遊び方

縄や段ボール箱を使って電車ごっこをする

園庭でも保育室でも遊べます。縄は、子ども二、三人が中に入れるくらいの長さで、しっかり握ることができる物を用意します。適当な縄がない場合は、布を細く裂いて三つ編みにするとソフトで握りやすいです。

関わりのポイント
「○○電車です。お乗りくださーい」と声を掛け、子どもたちを誘います。

ガッタンゴットン

関わりのポイント
「ガッタン・ゴットン」とリズムをとると、子どもが歩調を合わせてぶつからずに歩けます。

いってらっしゃい

あそびが広がるポイント
固定遊具やカラー標識などを駅に見立てることで、イメージがより具体的になります。子どもたちが知っている電車の名前や駅名を使ってもあそびの共有になります。

背中ずもう

季節	保育者数	準備
秋・冬	複数で	かんたん

用意するもの
● ビニールテープ

準備しておくこと
● 床にビニールテープを貼って土俵を作っておきます。

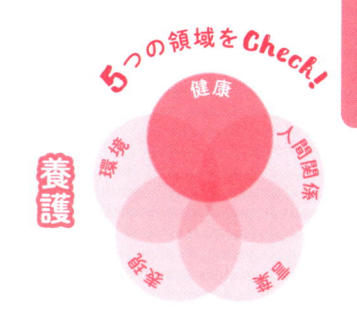

5つの領域をCheck!

健康
人間関係
環境
言葉
表現
養護

遊び方

背中合わせに座り、「はっけよい、のこった」の掛け声で、押し合いっこをする

背中合わせに座ったまま、後ろに下がったり、移動したりして遊びます。

関わりのポイント
勝ってうれしい、負けて悔しいという思いの表現の仕方は、子どもによって様々です。子どもの気持ちをしっかり受け止めましょう。

のこった
のこった

関わりのポイント
「足にギュッて力を入れるといいよ」などと分かりやすくアドバイスしましょう。

あそびが広がるポイント
保育者が行司になり切り、扇子を持って「ひがし〜○○山〜」「にし〜○○海〜」などと呼び出しをすると、楽しさが広がります。

段ボールあそび

季節	保育者数	準備
いつでも	一人から	かんたん

用意するもの
- 段ボール箱

準備しておくこと
- 段ボール箱の底が抜けないようにクラフトテープで補強しておきます。

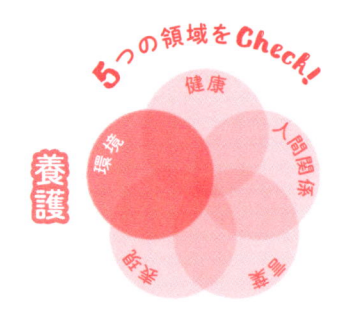

5つの領域をCheck!

健康 / 人間関係 / 環境 / 養護 / 表現 / 言葉

遊び方

段ボール箱を重ねたり、中に入ったりして遊ぶ

大小様々な大きさの段ボール箱を、子どもが自由に遊べるよう、保育室に用意しておきます。友達と箱の中に入ったり、段ボール箱を重ねたりして遊びます。

関わりのポイント
危ない遊び方をしそうなときは、「危ないからこうしてね」と言葉を掛け、安全な遊び方を知らせます。

関わりのポイント
箱はいつでも使える場所に片付けておきましょう。

あそびが広がるポイント

子どもが箱を何に見立てているのかをよく観察します。車なら、手作りのハンドルを用意します。家なら、お客さんになり訪問してみましょう。子どものあそびを中断しないように心掛けます。

お風呂ごっこ

季節	保育者数	準備
いつでも	複数で	しっかり

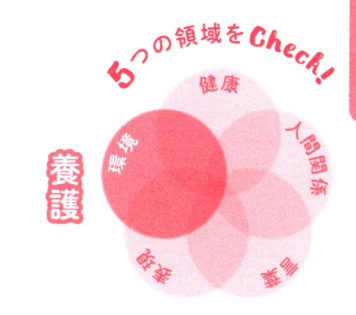

5つの領域を Check!

用意するもの

- ● ビニールプール、新聞紙、スズランテープ（青色）、ペットボトル、ビニールホース、身近なお風呂グッズ（風呂おけなど）

準備しておくこと

- ● ペットボトルシャワーを作っておきます。
- ● スズランテープでポンポンを作っておきます。

作り方

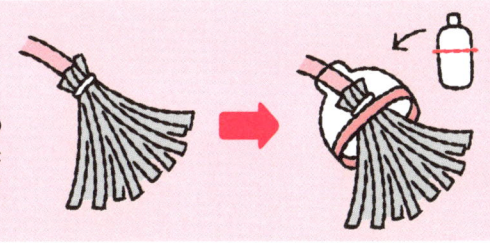

ビニールホースの口に、細く裂いたスズランテープを結び付ける。

上部を切ったペットボトルを、ビニールホースの口径と合わせ、テープで固定する。ペットボトルの切り口はビニールテープを巻いておく。

遊び方

ビニールプールを使って、お風呂ごっこをする

ちぎった新聞紙や、スズランテープのポンポンを水に見立てて遊びます。保育者も子どもと一緒に新聞紙をちぎってあそびを盛り上げましょう。シャンプーの空き容器やタオルなどのお風呂グッズがあると、イメージが共有しやすいです。

関わりのポイント
顔や髪を洗う仕草をするなど、保育者が率先してお風呂ごっこの楽しさを広げていきましょう。

関わりのポイント
まずは保育者が新聞紙をちぎって見せ、「みんなもやってみよう」と声を掛けましょう。

大型バスごっこ

用意するもの

● 新聞紙（またはチラシ）、ビニールテープ（赤・青・黄色）、園児用イス、段ボール箱

準備しておくこと

● 新聞紙を棒状に丸め、ビニールテープで固定し、ハンドルを人数分作っておきます。

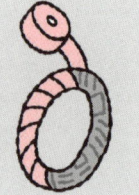

5つの領域をCheck!

養護 / 健康 / 人間関係 / 環境 / 表現 / 言葉

遊び方

一人ひとりが自分のハンドルを持って、歌をうたいながらバスの運転手ごっこを楽しむ

保育者は、「どこに行きますか？」と子どもたちの声を聞きます。「○○に出発！」と声を掛け、『バスごっこ』（P.144）を歌います。リズミカルに体を動かすことで楽しく遊ぶことができます。

関わりのポイント　個別で座れるイスを用意するなど体が触れ合わない工夫をしましょう。

あそびが広がるポイント

段ボール箱や牛乳パックのイスも使うと、バスのイメージが更に広がります。子どもたちが自由に遊べるようにしましょう。

どこにお出掛け？

季節	保育者数	準備
いつでも	一人から	かんたん

用意するもの

● 新聞紙（またはチラシ）、ビニールテープ（赤・青・黄色）

準備しておくこと

● 新聞紙でハンドルを作っておきます（P.54参照）。

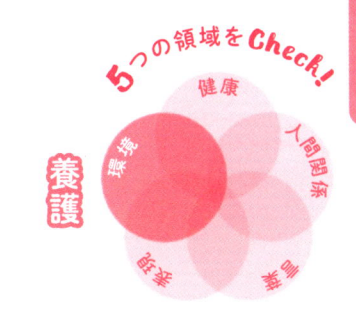

5つの領域をCheck!

養護 環境 健康 人間関係 言葉 表現

遊び方

バスや電車など乗り物の運転士になり、歩き回る

手作りのハンドルを持ち、乗り物の運転士になって自由に歩き回ります。保育者は「乗せてください」と声を掛け、後ろにつきます。

関わりのポイント

「乗ってもいいですか？」「どこに行きますか？」など子どもにたずね、やり取りを楽しみましょう。

乗せてください

あそびが広がるポイント

駅やバス停、行き先を子どもと一緒に考えながら遊んでみましょう。

段ボール隠れ家あそび

用意するもの

● 段ボール箱（子どもが入れる大きさ）、布テープ、布リボン、フェルトペン、クレヨン

準備しておくこと

● 段ボールの隠れ家を作っておきます。

5つの領域をCheck!

養護　環境　健康　人間関係　言葉　表現

作り方

段ボール箱の蓋と底は切り取っておく。中から外が見えるよう、側面に小さい穴を開ける。

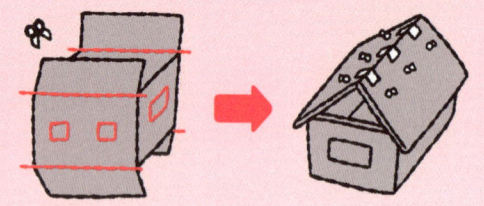

段ボール板で三角屋根を作る。適した大きさの段ボール板がなければ布テープでつなぎ合わせる。布リボンなどで屋根のひらきを固定しておく。

遊び方

1 段ボールの家の壁面に、絵を描いたり、色を塗ったりする

「みんなの家は、どんな色にしたらいいかな」と声を掛け、子どもたちの意欲を引き出します。

関わりのポイント
クレヨンが上手に持てない子には、保育者が子どもの手の上から握ってあげ、正しい持ち方を知らせます。

2 家の中に入って自由に遊ぶ

保育者は小さな窓から子どもたちの遊ぶ様子を把握しておきましょう。ままごと玩具や風呂敷などを用意しておくと、あそびが更に発展します。

関わりのポイント
子どもにより遊び方が異なるので、子ども同士で伝えきれないことは「○○ちゃんはお母さんなのね。△△くんは忍者」など言葉で伝えます。

引っ越しあそび

季節	保育者数	準備
いつでも	複数で	かんたん

用意するもの
● ビニールテープ（園庭の場合はカラーフープ）

準備しておくこと
● 保育室の床に、ビニールテープで○・△・□の形を作ります。一人が中に入れる大きさのものと、三、四人入れる大きさのものを作っておきます。

5つの領域を Check!

養護　環境　健康　人間関係　言葉　音楽

遊び方

「おひっこし」と言うと、子どもは好きなところに移動する

子どもが好きな場所に移動することが楽しむことができるように、「おひっこし」と声を掛けたら、保育者は「どこにお引っ越ししようかな」「ここにしようかな」「あっちにしようかな」と子どもに語り掛けながら移動をしましょう。

関わりのポイント
引っ越す場所を決めるときには、聞き取りやすい声ではっきり言うようにします。

おひっこし

あそびが広がるポイント
保育者や同じクラスの子どもと、同じ場で、自分の好きなように遊ぶ楽しさを感じられることが目的なので、声を掛けたら移動する、一度決めたら動いてはいけないなどの決まりが優先されることがないようにしましょう。

まねっこあそび

季節	保育者数	準備
いつでも	複数で	なし

用意するもの
● なし

準備しておくこと
● なし

5つの領域を*Check!*

健康 / 人間関係 / 環境 / 養護 / 言葉 / 表現

 遊び方

保育者の動作を、子どもがまねする

「できるかな　できるかな　まねっこ、まねっこ　できるかな？　○○をトントン　トントントン」とリズミカルに言いながら、保育者は自分の体の部位をトントンたたきます。「みんなでまねっこ　トントントン」と言いながら、子どもたちは保育者の動作をまねします。

トントントン

関わりのポイント
遊んだ後で「ここ（体の部位）は何て言うのかな？」と確認していくと、言葉の意味を理解していない子にも分かりやすいです。

関わりのポイント
慣れてきたら、保育者の役割を、子どもたちが交替でするようにしましょう。子どもだけでまねっこあそびができるようになります。

あそびが広がるポイント
自分の体だけではなく隣の友達の体をトントンたたく動作を加えると、楽しく友達と触れ合うことができます。

カードあそび

季節	保育者数	準備
いつでも	複数で	しっかり

用意するもの
- 厚紙

準備しておくこと
- 厚紙をトランプサイズに切り、動物など、子どもが好きな物の絵を描きます（5種類程度、各2枚）。

5つの領域をCheck!

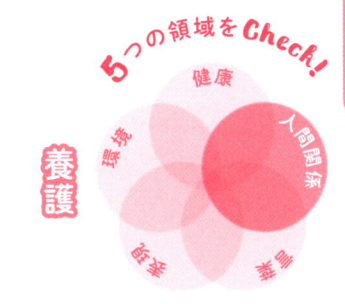

養護　環境　健康　人間関係　言葉　表現

遊び方

1 カードを並べ、好きな絵を探す

最初は、子どもに絵が見えるようにカードを並べ、カードの場所を覚えます。全部並べたら、順番に裏返していきます。

関わりのポイント
子どもが興味をもつように「この絵は、なーんだ」と話しながらカードを並べて見せます。

2 裏返したカードをめくったり、好きなカードを集めたりして遊ぶ

順番を決め、1番の子から時計回りにカードをめくります。同じ絵のカードがそろったらカードがもらえます。子どもが慣れてきたら、カードの種類を増やしましょう。

関わりのポイント
順番は保育者が決めます。「誰からにしようかな。この子に決ーめた！」と子どもの肩に触れます。

あそびが広がるポイント

動物や乗り物以外にも、子どもに知らせたい身の回りの物の絵や写真をカードにすると、興味・関心が広がります。

絵本で遊ぼう

5つの領域をCheck!

健康／人間関係／環境／養護／表現／言葉

用意するもの

● 牛乳パック、新聞紙（またはチラシ）、布テープ

準備しておくこと

● 牛乳パックイスを作っておきます。

作り方

新聞紙を牛乳パックの大きさに合わせて折り、中に隙間なくぎっしり詰める。

蓋をし、布テープで留める。牛乳パックをつなげてイスにする。

遊び方

牛乳パックイスに座り絵本を読む

絵本を楽しむスペースに、子どもが三人ぐらい座れる牛乳パックイスを置きます。保育者が子どもと一対一で読み聞かせをしていると、興味を示してくる子がいます。先に読んでいた子どもに保育者が声を掛けながら、どの子どもも楽しむことができるよう配慮します。

関わりのポイント

子どもが持ってきた絵本は満足するまで読んであげましょう。一対一のふれあいが十分でないと、友達とのふれあいにつながりません。

もしもしかめさんあそび

季節	保育者数	準備
いつでも	一人から	なし

用意するもの
- なし

準備しておくこと
- なし

5つの領域をCheck!

健康

養護　環境　人間関係

表現　言葉

遊び方

子どもと両手をつなぎ、『うさぎとかめ』を歌う

子どもと向き合い、つないだ手を上下に揺らしながら「もしもしかめよ　かめさんよ」と歌い、ポンと両手の
ひらを合わせます。この動作を繰り返します。歌いながらスキンシップを楽しみます。

関わりのポイント

初めはゆっくりと歌い、子どものリズムに合わせます。慣れてきたら、少しずつ早くしていきます。「ポン」で手が合わないときには「あれ！？」と笑顔で問い掛けるような表情を見せて子どもとの触れ合いを楽しみます。

もしもしかめよ
かめさんよ

ポン！

あそびが広がるポイント

三、四人で輪になり、隣の友達と手をつなぎます。歌いながら手を揺らします。

からだ
あそび

自分なりに遊ぶことが楽しい時期です。

楽しさを感じる中で、からだを動かすことができるよう、

子どもの育ちを捉えながら、いろいろなあそびに挑戦してみましょう。

左右交互に足を出して階段を上ったり、全身を使って走ることができるようになる時期です。子どもが自分なりに伸び伸びとからだを動かして遊ぶことができるような保育の環境を構成しましょう。

手指の操作も巧みになります。好きなことをして遊ぶ中で、しぜんに手指を使うことができる玩具や素材を整えてあげたい時期です。並べる、重ねる、集めるなどが楽しくなるころでもあるので、美しく収まるような入れ物を用意すると、あそびが片付けとつながるようにもなります。

縄で遊ぼう

季節	保育者数	準備
いつでも	一人から	なし

用意するもの
- 長縄、短縄など

準備しておくこと
- なし

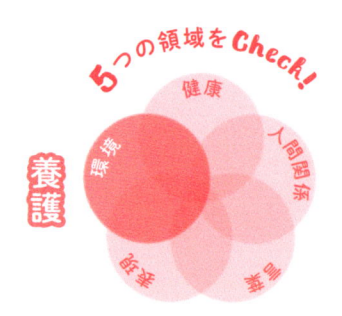

5つの領域を **Check!**

健康 / 人間関係 / 環境 / 言葉 / 音楽 / 養護

遊び方

1 直線や曲線に置いた縄の上を歩いたり、跳んだりする

寒い時期は上靴、それ以外の季節ははだしで遊んでみましょう。はだしでは上手に歩けた縄の上も、靴だとバランスをとるのが難しいです。

関わりのポイント
まずは保育者がやって見せると、子どもたちはまねをして遊びます。

2 縄でいろいろな形を作る

何ができたのかな？

縄で〇・□・△を作ったり、くっつけたり交差させたりして「形」を楽しみます。

関わりのポイント
子どものイメージを大切にして「大きいね。何ができたのかな？」と話を聞きましょう。

あそびが広がるポイント
素材（ボトルキャップ・皿・カップ　など）を縄と一緒に用意しておくと、作りたい物のイメージが更に広がります。

ファスナーあそび

季節	保育者数	準備
いつでも	複数で	しっかり

用意するもの

● ファスナー（様々な長さ）、布、段ボール板、段ボール箱（またはカゴなど）、リング（大きめ）

準備しておくこと

● ファスナーを段ボール板に貼ります。
● ファスナーを縫い付けた布で段ボール箱を覆います。

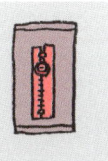

5つの領域をCheck!

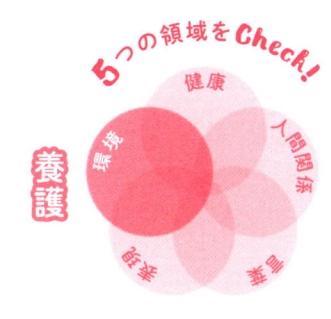

健康 人間関係 環境 養護 言葉 表現

遊び方

ファスナーを左右に開けたり閉めたりして遊ぶ

リングを指でつまんだり、引っ掛けたりして、ファスナーを開け閉めします。

関わりのポイント
子どもがファスナーの持ち手をつまみやすいよう、大きなリングやリボンをつけておきましょう。

あそびが広がるポイント

カゴの中に子どもたちの好きな玩具を入れておくと、見つけたときのうれしさも加わり、ファスナーの開け閉めをより楽しめます。

押したり引いたり L字イス

用意するもの
● 牛乳パックイス（P.60）、クラフトテープ、布など

準備しておくこと
● 牛乳パックイスをL字に組み合わせて、クラフトテープでつなぎ合わせ、上から布を貼ります。

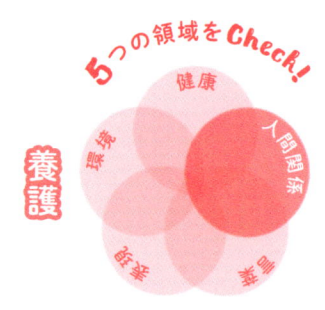

5つの領域を Check!

養護　環境　人間関係　健康　言葉　表現

遊び方

牛乳パックイスにまたがったり、組み合わせたりして自由に遊ぶ

力を入れて物を動かすことが楽しいと思う時期です。牛乳パックイスを押したり引いたりすることで、上半身に力を入れる、足を踏ん張るなど体をコントロールすることを学びます。

しゅっぱーっ！

関わりのポイント
友達のあそびを見て、同じあそびをしたいと思ったときにすぐできるよう、牛乳パックイスは多めに用意しましょう。

あそびが広がるポイント
子どもたちが乗り物ごっこを始めたら、「どこまで行くのかな」「駅に着きまーす」などと言葉を使って仲立ちするようにしましょう。あそびの継続につながります。

バスマットでジャンプ

季節	保育者数	準備
いつでも	複数で	しっかり

用意するもの
- バスマット（硬くて厚さのある物）、角材（3本くらい）、結束バンド

準備しておくこと
- バスマットを結束バンドで、角材に取りつけます。

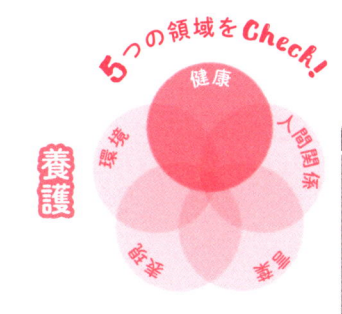
5つの領域をCheck!
健康 / 人間関係 / 環境 / 養護 / 言葉 / 表現

遊び方

自由にマットの上に乗り、ジャンプをして遊ぶ

園庭環境の一つとして園庭に設定します。マットが柔らかすぎるとすぐにへこんでしまうので、硬くて厚さがあるバスマットが適しています。バランスのとり方を知ることで、平衡感覚の育ちにつながります。

関わりのポイント
ジャンプした数をかぞえてあげるなど、子どもが体を動かす楽しさを味わうことができるように関わりましょう。

ぴょんぴょん

わーい

あそびが広がるポイント
片足ケンケンで跳んだり、歌に合わせて二人で向かい合って跳ぶなど工夫して遊んでみましょう。

シュシュで遊ぼう

用意するもの
- シュシュ

準備しておくこと
- シュシュは大きさごとに分けてカゴに入れておきます。

5つの領域をCheck!

健康　人間関係　環境　養護　表現　言葉

遊び方

シュシュを手首や足首に着ける

好きなシュシュを手にとり、広げたり、手首や足首に通したりして遊びます。

関わりのポイント
あそびのコーナーに座れるイスがあると、足首にシュシュを着けやすくなります。

あそびが広がるポイント
動物の顔などをつけたペットボトル人形があると、シュシュを洋服に見立てて、人形あそびに発展します。

キュッキュと開けて

季節	保育者数	準備
いつでも	一人から	かんたん

用意するもの

- 蓋付きボトル（子どもの手のひらにおさまる物）、ビーズ（大きめ）、花はじき、ポンポンボールなど

準備しておくこと

- ボトルの中にビーズや花はじき、ポンポンボールを入れておきます。

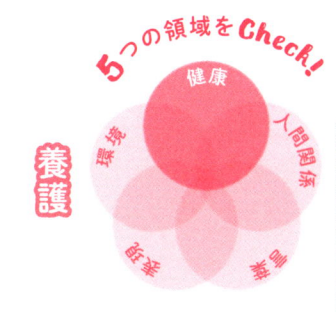

5つの領域を Check!

養護 健康 人間関係 環境 言葉 表現

遊び方

ボトルの蓋を開けて素材を取り出し、自由に遊ぶ

ボトルをままごとコーナーの棚に並べて置いておきます。透明で中の物が見えるので、子どもは興味をひかれ、蓋を開けて遊びだします。

関わりのポイント
素材は子どもが誤飲しないような大きさにしたり、あらかじめ数を決めておいたりすると安心です。

関わりのポイント
子どもにとってボトルの蓋を閉めるのは難しいので開けたままになりがちです。保育者が閉めておきます。

あそびが広がるポイント

ボトルの近くにレンゲやお皿、お茶碗を揃えておきます。素材を食べ物などに見立てて遊ぶようになります。

風船タッチ

用意するもの
- 台所用ゴム手袋、極薄ゴム手袋、風船、輪ゴム、ひも、突っ張り棒

準備しておくこと
- 台所用ゴム手袋、極薄ゴム手袋、風船を膨らませ、しっかりと輪ゴムで留めます。

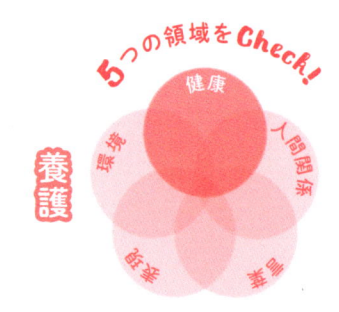

5つの領域をCheck!

養護　環境　健康　人間関係　言葉　表現

遊び方

上からつるされたゴム手袋風船にジャンプして、タッチする

風船をひもに結びつけ、上からつるします。風船の高さは、子どもがジャンプをすると届くくらいの高さがよいでしょう。違う素材の風船を用意すると、タッチしたときに感触の違いも楽しめます。

関わりのポイント

ジャンプが上手にできない子には、一緒に足を屈伸して、ジャンプするタイミングを伝えます。無理に手を引っ張らないようにしましょう。

あそびが広がるポイント

手袋にタコの絵を描いてつるして遊ぶと子どもが興味をもち、楽しくジャンプができます。つるすひもをゴムひも（平ゴム・黒ゴム）に変えると、手袋風船の動きも楽しめます。

スポンジスタンプ

季節	保育者数	準備
いつでも	一人から	かんたん

用意するもの

● 食器洗い用スポンジ（赤・青・黄色）、ポスターカラー（赤・青・黄色）、皿、白タオル、画用紙

準備しておくこと

● スポンジを3〜4cm四方に切っておきます。
● 白タオルにポスターカラーを溶いてしみこませます。

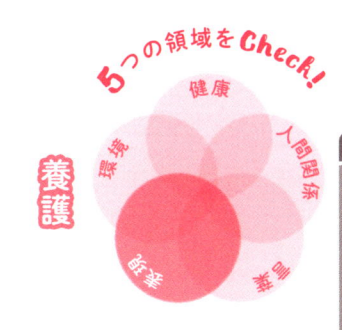

5つの領域をCheck!

養護 / 環境 / 健康 / 人間関係 / 言葉 / 表現

遊び方

画用紙に、スポンジのスタンプを押して遊ぶ

友達の画用紙と重ならないよう、十分にスペースを確保します。スポンジとポスターカラーの色を合わせておくと、どこにスポンジを押せば何色になるかが目で見て分かります。スポンジをぎゅっと画用紙に押しつけたり、力を抜いて押しつけたりして、力加減を調整しながら遊びましょう。

関わりのポイント
スタンプを押して「何色かな？」「何ができるかな？」などと子どもの興味関心をひく声を掛けましょう。

関わりのポイント
スタンプの素材を野菜やペットボトルキャップに変えてみると、スタンプを押す力加減も変わってきます。いろいろ試してみましょう。

あそびが広がるポイント

画用紙に太いフェルトペンで〇・□・△を描き、その形の中や線の上にスタンプを押すようにしてみましょう。

段ボール掃除機

用意するもの

● 段ボール箱、クラフトテープ、新聞紙

準備しておくこと

● 段ボール箱を切り取り、滑りがよくなるよう底面にクラフトテープを貼ります。
● 新聞紙を丸めておきます。

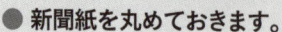

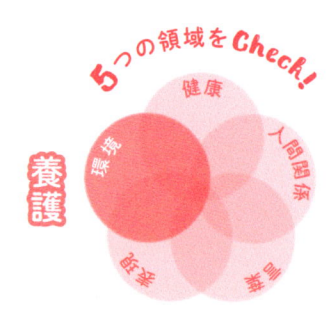

5つの領域をCheck!

養護　健康　人間関係　環境　言葉　表現

遊び方

新聞紙などで遊んだ後、段ボール掃除機を押してゴミを集める

掃除機に見立てて押したり、新聞紙を集めたりして遊びます。

関わりのポイント
「お部屋がきれいになるね」と声を掛け、きれいになると気持ちよいことを伝えます。

お部屋がきれいになるね

関わりのポイント
集めた物を入れる「ゴミ袋」も用意しておきましょう。

あそびが広がるポイント

新聞紙などのほかに、大小の紙ボールやボールをたくさん用意して集めても楽しめます。

ローラーカラーあそび

季節	保育者数	準備
いつでも	一人から	かんたん

用意するもの

● ペイント用ローラー（横幅10cmくらい）、ポスターカラー（赤・青・黄色）、皿（または四角いトレー）、白模造紙（3～4枚）、段ボール板（模造紙が貼れる大きさ）

準備しておくこと

● 大きな段ボール板を壁に設置し、模造紙を貼っておきます。

5つの領域を Check!
健康／人間関係／環境／言葉／表現／養護

遊び方

ペイント用ローラーにポスターカラーをつけて、自由に動かす

汚れてもよい服を着て始めます。ポスターカラーをつけたローラーを、上から下、右から左へと、全身を使って動かします。

関わりのポイント

ポスターカラーの入った皿は、ポスターカラーと同じ色の色画用紙の上に置く工夫をすると、子どもにも分かりやすいです。

あそびが広がるポイント

描いた模造紙は、子どもから見ることができるように飾ります。子どものイメージを言葉にするなどのやり取りをしましょう。

逃げろや逃げろ

季節	保育者数	準備
秋・冬	複数で	かんたん

5つの領域をCheck!

健康 / 人間関係 / 言葉 / 表現 / 環境 / 養護

用意するもの
- 長縄、スズランテープ（青色）

準備しておくこと
- 長縄にスズランテープを付けます。

遊び方

ゆらゆら動く縄をまたぐ

低い位置で縄を左右に振ります。

ザブーン　ザブーン…

関わりのポイント
スズランテープを波に見立てて「ザブーンザブーン……」「波がきたよ。跳んでね」と子どもに伝えます。

あそびが広がるポイント
動いている縄が苦手な子がいたら、止めた状態でくぐったりジャンプしたりします。

74

エンドレスしっぽ取り

季節	保育者数	準備
いつでも	一人から	かんたん

用意するもの
● フープ、紙テープ

準備しておくこと
● フープに紙テープを付けます。引っ張ったら取れるようにゆるめにしておきます。

5つの領域を Check!

健康　人間関係　養護　環境　表現　音楽

遊び方

フープに入った保育者を追い掛けて、紙テープのしっぽを取る

広い場所で伸び伸びと遊びます。誰かがしっぽを一本取ったら終わりではなく、全員が一度はしっぽを取れるよう繰り返し遊びましょう。

関わりのポイント
しっぽが取れていない子がいないかよく観察し、全員しっぽを取れるよう走る速度を変えましょう。

あそびが広がるポイント
走って追い掛けるあそびが十分楽しめるようになったら、つかまった人が鬼役になる「鬼ごっこ」で遊びましょう。最初は保育者が鬼役になりますが、モチーフは鬼ではなく動物など、怖くないものがよいでしょう。

かけっこかけっこよーいドン

季節	保育者数	準備
秋・冬	複数で	かんたん

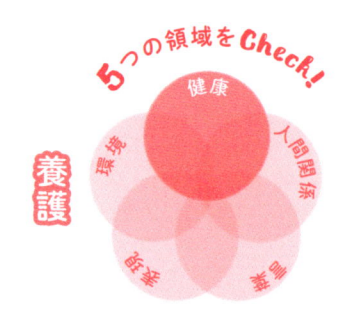

5つの領域をCheck!

養護　環境　健康　人間関係　情緒　言葉

用意するもの
● 伸びる包帯

準備しておくこと
● 伸びる包帯に、子どもたちの好きな物の絵を描いておきます。

遊び方

園庭や公園などで、絵が描かれた包帯をゴールの目印にし、かけっこをする

いつもより少し長い距離を走れるように、包帯をゴールの目印にします。「ヨーイ、ドン」の合図で走りだします。子どもが走り抜けることができるよう、包帯は子どもの頭の上くらいの高さで持ちます。

関わりのポイント　公園で遊ぶ場合は、ガラス片や飲み残しのボトルが落ちていないかを事前に点検しましょう。

関わりのポイント　友達と一緒にかけっこをして、体を動かす楽しさを味わいます。保育者も一緒に走ると、より楽しさが増します。

あそびが広がるポイント

体全体でかけっこが楽しめるようになったら、公園にある大きな木や固定遊具を目指して走りましょう。大好きな保育者を追い掛けて走る、鬼ごっこにも展開できます。

洗濯バサミあそび

季節	保育者数	準備
いつでも	一人から	かんたん

用意するもの
● 洗濯バサミ（たくさん）、厚紙、紙皿

準備しておくこと
● 丸く切った厚紙や紙皿に、動物の顔を描きます。

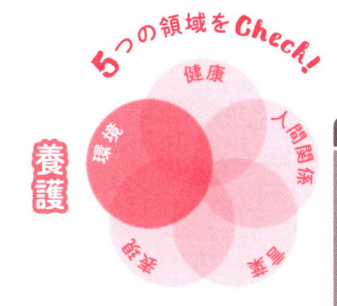
5つの領域をCheck!

遊び方

厚紙や紙皿に洗濯バサミをつけて遊ぶ

動物の顔をライオンに見立てて、洗濯バサミでたてがみを作ったり、ウサギに見立てて耳を作ったりします。

関わりのポイント
うまく洗濯バサミが扱えない子がいたら、一緒に持ってあげましょう。

あそびが広がるポイント
空き箱や紙コップなどに、自由に洗濯バサミを付けて遊んでもいいでしょう。

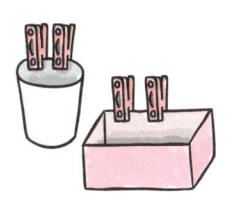

スライムあそび

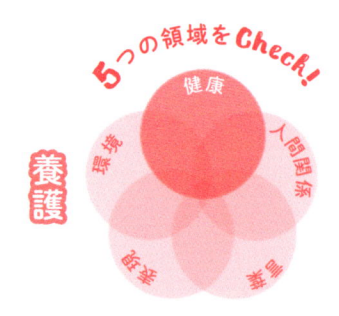

5つの領域をCheck!

健康　人間関係　養護　表現　言葉

用意するもの

● ホウ砂 (5g)、洗濯のり (100 ml)、ボウル、絵の具 (または食紅)、トング (小型)、皿、茶碗

準備しておくこと

● スライムを作っておきます。

作り方

水50mlにホウ砂を溶かしてホウ砂水溶液を作る。水100 mlに絵の具を少し入れて色水を作る。

色水と洗濯のりをボウルに入れ、混ぜ合わせる。次にホウ砂水溶液を混ぜ合わせ、全体が均一に混ざり合ったらできあがり。

遊び方

スライムをトングで挟み、ごっこあそびをしたり、スライムを切ったりして遊ぶ

保育者がスライムを取り出し、「チョッキン!」と言いながらトングで挟み切りながら遊んで見せます。

関わりのポイント
「チョッキン」の言葉が、スライムが切れる様子とあいまって楽しくなります。

関わりのポイント
スライムを使ったごっこあそびに発展できるよう、ままごと用のお皿やお茶碗を並べておきましょう。

巧技台あそび

季節	保育者数	準備
夏・秋・冬	複数で	しっかり

用意するもの
● 巧技台（頭、一本橋、はしご）

準備しておくこと
● 巧技台を一本橋やはしごと組み合わせて、保育室や廊下の壁側に設置します。

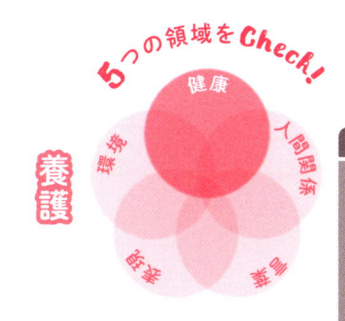

5つの領域をCheck!

養護　環境　健康　人間関係　言葉　表現

遊び方

1 巧技台と組み合わせた一本橋の上を渡る

一本橋を壁際に設置することで、渡り慣れていない子も壁に手をつきながら渡ることができます。保育者は手の届く場所で見守ります。

関わりのポイント
「一本橋、渡れるかな？」など、イメージを膨らませて楽しめるように声を掛けます。

2 巧技台と組み合わせたはしごを、またいで遊ぶ

一本橋同様、壁際に設置します。

関わりのポイント
腕の力がないとはしごに顔からぶつかることもあります。一人ひとりの発達に合わせた補助を心掛けましょう。

あそびが広がるポイント
はしごを組み合わせた巧技台を40cmくらいの高さにすると、はしごの下をくぐったり、上をまたいだりして遊べます。子どもの運動機能の発達を確認しつつ、無理をさせないで楽しみましょう。

たかーくたかーく両手でポン

季節	保育者数	準備
いつでも	一人から	しっかり

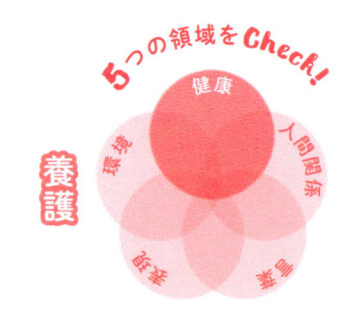

5つの領域をCheck!
養護 / 健康 / 環境 / 人間関係 / 言葉 / 表現

用意するもの
- 段ボール箱（子どもの身長よりも少し低いくらいの高さ）、柔らかなボール（直径20〜25cm）、スズランテープ

準備しておくこと
- 段ボール箱の側面にボールが通る大きさの穴をあけておきます。
- 下の図のようにゴールポストを作っておきます。

作り方

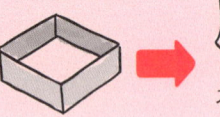  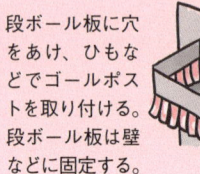 

ボールが入る大きさの段ボール箱を用意し、15〜20cm程度に切る。

スズランテープを箱の裏に貼りつける。

段ボール板に穴をあけ、ひもなどでゴールポストを取り付ける。段ボール板は壁などに固定する。

遊び方

1 両手でボールを持ち上げて、箱の中に投げ入れる

入ったボールが穴から出てきたらキャッチして繰り返し投げて遊びます。

関わりのポイント
まずは保育者が手本を見せて楽しさを伝えます。ボールが出てきたら、「こんな所から出てきたね」と出てきたボールを見せます。

2 ゴールポストにボールを投げて入れる

ゴールポストに向かってボールを投げて遊びます。

関わりのポイント
保育者は一緒に遊びながら、上から投げる投げ方や下から上に向けてゴールポストに入れる投げ方を知らせていきます。

投げるくっつきボール

季節	保育者数	準備
いつでも	一人から	しっかり

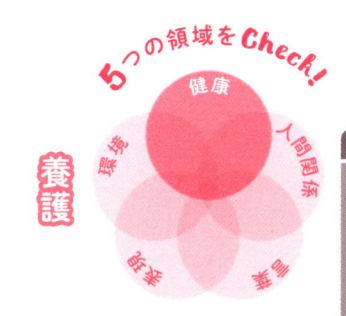
5つの領域を **Check!**

健康／人間関係／言葉／表現／環境／養護

用意するもの

● お手玉（ポリエステル綿の入った物）、布（面ファスナーがくっつく毛羽立ちがある物）、面ファスナー、布用接着剤

準備しておくこと

① 布を壁に固定します。

② 面ファスナーをお手玉に接着剤でつけておきます。

遊び方

お手玉を、壁に固定した布に向かって投げる

通常のお手玉を使うと少々重いので、軽いポリエステル綿が入ったお手玉を使います。投げた物が布にくっつくおもしろさを味わえるあそびです。

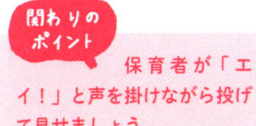
関わりのポイント
保育者が「エイ！」と声を掛けながら投げて見せましょう。

くっついた！

あそびが広がるポイント

子どもは「楽しい、もっと遊びたい」と思うと自分から考えて工夫をするようになります。工夫を言葉にして、見逃さずに認めます。

グルグルまきまき

用意するもの
● ひも（2mくらい）、新聞紙、ビニールテープ

準備しておくこと
● 新聞紙を巻いて30cm程度の棒を作り、その上からビニールテープを巻きます。

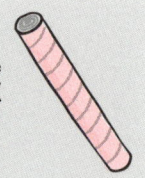

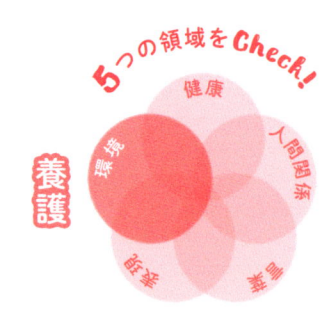

5つの領域を *Check!*

養護　環境　健康　人間関係　言葉　表現

遊び方

新聞紙棒にひもをクルクルと巻いたり、ほどいたりして遊ぶ

新聞紙棒の中央に、ひもの端をテープで止めておきます。片手で棒を持ち、片手でひもを巻くのは少し難しいので、保育者は一緒に巻いて遊び、手の動かし方を伝えます。

たくさん巻いたね

関わりのポイント
上手にひもが巻けたら「どうやったの？」「たくさん巻いたから大きくなったね」と達成感につながる言葉を掛けます。

関わりのポイント
ひもが子どもの首や体に巻きつかないよう、あそびを見守ります。

あそびが広がるポイント
ひもの太さを変えたり、長さを変えたりすると子どもは興味をもち、長くあそびを楽しめるようになります。

三輪車あそび

季節	保育者数	準備
いつでも	一人から	なし

用意するもの
● 三輪車

準備しておくこと
● なし

5つの領域を*Check!*

養護 / 環境 / 健康 / 人間関係 / 表現 / 言葉

第2章
からだあそび

遊び方

三輪車を押したり乗ったりして遊ぶ

自分の乗りたい三輪車を選んで、押したり、乗ったりして好きな場所に行きます。

関わりのポイント
「どちらにお出掛けですか？」「行ってらっしゃい」など子どもに声を掛けてみましょう。

あそびが広がるポイント

三輪車を車に見立てたり、三輪車をひっくり返して修理を始めるなど、自分の経験や知識を使い遊ぶようになります。保育者は、何があるといいのかを考えて、環境を整えておきます。

お手玉ボール

季節	保育者数	準備
いつでも	一人から	しっかり

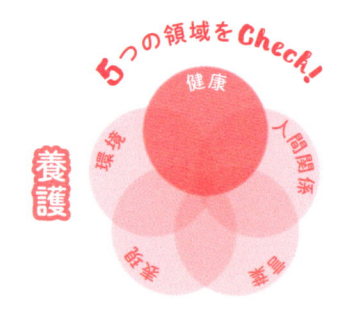

用意するもの

● 透明ビニール（50cm四方）、お手玉（ダイズやアズキの入った物）または新聞紙で作ったボール

準備しておくこと

● 保育室の天井に、透明ビニールを張っておきます。

遊び方

透明ビニールに向かって、お手玉や新聞紙のボールを投げ入れる

透明ビニールなので、投げたお手玉や新聞紙ボールが見えます。お手玉の重さと新聞紙ボールでは、重さが違います。この違いを感じて投げます。跳んだりはねたりと全身を使って遊びます。

関わりのポイント
真下から投げても入らないことに気付かせるために、保育者が投げて見せます。「ここから投げたら入ったね」と伝えましょう。

あそびが広がるポイント

透明ビニールにお手玉や新聞紙ボールがたくさん入ると、ビニールがたわむので、下から触って楽しむことができます。

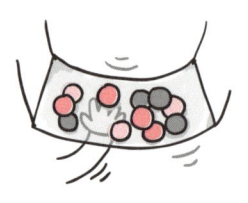

ボタン・スナップあそび

季節	保育者数	準備
秋・冬	一人から	しっかり

用意するもの
- ボタン、スナップのついた上着（古着でOK）、洋服ハンガー、紙

準備しておくこと
- 洋服ハンガーに、動物の顔を描いた紙を貼ります。

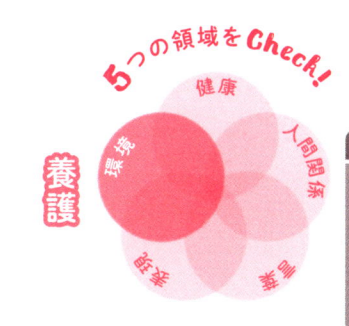

5つの領域を Check!

養護 健康 人間関係 環境 言葉 表現

遊び方

ハンガー人形が着ている服の
ボタンやスナップをはめたり外したりして遊ぶ

ハンガー人形に洋服を着せて、子どもの身長に合わせて固定しておきます。ハンガー人形に着せる洋服はボタン、スナップが大きめの物を選びます。

関わりのポイント
子どものやりたいという気持ちを大切にします。こうするとできるよと言葉で伝え、子どもが「できた！」と思えるように手伝います。繰り返し遊ぶことで上手になります。

ウサギさんのふくだ〜

ボタンはめるの？

あそびが広がるポイント
洋服のボタン、スナップの大きさの違う洋服を用意しておきます。きれいにたたんで遊具棚の引き出しか、カゴの中に収納しておきます。あそびの中で生活に必要な衣服のたたみ方、片付け方ができるようになります。

島渡り

季節	保育者数	準備
夏・秋・冬	一人から	しっかり

5つの領域を **Check!**

健康／環境／人間関係／養護

用意するもの

● 牛乳パックの台（高さ20㎝の物と高さ10㎝の物）、プチプチシート、段ボール板、ウレタンマット、ロープ（太め）、滑り止めマット

準備しておくこと

● 牛乳パックの台にプチプチシートを巻いておきます。

遊び方

床に置いたいろいろな素材の上を歩く

ロープから始めて、ウレタンマット、段ボール板、プチプチシートを巻いた牛乳パックの台、最後の牛乳パックの台（20㎝）の上をジャンプして移動します。最後の台の下には、滑り止めを敷き、動かないようにします。

関わりのポイント 最後のジャンプは、無理をさせずに個々が自由にできるようにします。

あそびが広がるポイント

素材の違う台を渡る楽しいあそびですが、変化をつけると、よりおもしろくなります。ロープは、直線から曲線にして変化をつけます。牛乳パックの台をマットの上に置いてもよいでしょう。

ケンパーあそび

季節	保育者数	準備
いつでも	一人から	かんたん

用意するもの
- ビニールテープ

準備しておくこと
- ビニールテープを使って、床に大小の丸を描きます。

5つの領域をCheck!

健康 人間関係 環境 養護 言葉 表現

遊び方

ケンパーあそびをする

両足をそろえて大きい丸に入ります。ここから、片足で小さい丸に入ります。片足（ケン）片足（ケン）両足（パ）と遊びます。

ケンケンパ ケンケンパ

関わりのポイント
「ケンケンパ・ケンケンパ」と言って動くリズムを子どもに合わせてとってあげます。片足立ちで、足がバタバタしてしまう場合は両足で前に、ジャンプして遊びます。体の動かし方を伝えます。

関わりのポイント
体を片足で支えられるようになってきたら楽しめるあそびです。自分の体をイメージ通りに動かすことができるようになってくると楽しさが増します。

あそびが広がるポイント
ケンパーが上手にできるようになってきたら、カラーリングでケンパーができるように用意します。ケンパーの回数を増やして遊ぶこともできます。

身近な素材のあそび

保育者にとってはなじみのある素材も、子どもにとっては初めて出会うもの、

扱い慣れないものが多いでしょう。

子どもが手を伸ばす、触れる、いじる……それらすべてがあそびです。

一人ひとりの素材との出会いやあそびが変化していく様子を捉えて、

あそびの楽しさを感じられるような援助をしましょう。

「身近」という言葉はよく使いますが、どの範囲が身近なのかという定義は難しいものです。その素材の特性をよく知り、どんな楽しさやおもしろさがあるのか、子どもにどのような経験をしてほしいのか、保育者間で話し合ってみましょう。

大きい－小さいなど、対の関係を認識しはじめます。身近な素材を使った手作りの玩具は、大きさをはじめ、数なども調節しやすいというのもよい点です。子どものあそびの様子、人数、置き場所に合わせて作ってみるとよいでしょう。積む、並べるというあそびを楽しむようになる時期に、積み木やブロックといった構成が楽しい市販の玩具に加えて、布やひも、チェーンリングなど形が自在に変わる素材と出会うことで「見立て」につながりやすくなります。

空き箱あそび

季節	保育者数	準備
いつでも	一人から	なし

用意するもの
- いろいろな種類の空き箱

準備しておくこと
- なし

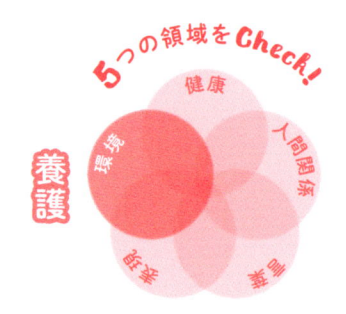

5つの領域をCheck!

養護　健康　人間関係　環境　言葉

遊び方

空き箱を使って自由に構成あそびをする

空き箱は軽いので、倒れても危なくありません。工夫次第で高い塔になったり、長い電車になったりします。
自分の周りに並べれば、家にもなります。保育者は、子どものイメージが実現できるように関わります。

ながく　なってきたね

関わりのポイント
高く積み上げていて、子どもの手が届かなくなることがあったら、踏み台を用意するなどして手助けをしましょう。

関わりのポイント
空き箱はすぐ潰れたり破れたりします。補充用の空き箱も用意しておきましょう。

あそびが広がるポイント
子どもが箱を組み合わせて何かを作ったら、すぐ崩してしまわずに接着してあげましょう。子どもは自分で作りだした空き箱を玩具に見立てて、繰り返し遊びます。

ビーズ見立てあそび

季節	保育者数	準備
いつでも	一人から	かんたん

用意するもの

● ビーズ（大きめ）、容器（蓋付き）、ボウル（直径20㎝程度）、泡立て器、レンゲ、おたま

準備しておくこと

● 容器に入れたビーズと、ボウルなどの台所用品を、ままごとコーナーに並べておきます。

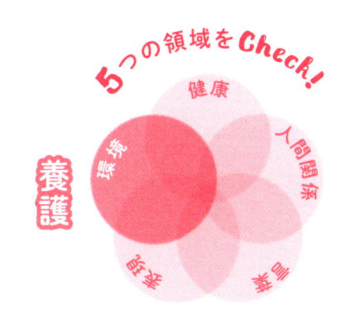

5つの領域をCheck!

養護 / 健康 / 人間関係 / 環境 / 言葉 / 表現

遊び方

ビーズを食べ物に見立てて、ままごとあそびをする

ままごと道具は、玩具でなく本物を用意します。いつも大人が使っている台所用品を自由に使える楽しさが味わえます。ボウルにビーズをたくさん入れて、泡立て器でかき混ぜたり、器に盛りつけたりして遊びます。

カラカラ

関わりのポイント
同じビーズでもプラスチック製と木製では、感触や音が違います。様々な素材のビーズを用意し、子どもが選べるようにします。

関わりのポイント
あそびを子ども任せにせず、様子を見ながら小物の補充をし、保育者もあそびに加わりましょう。誤飲には十分気を付けます。

あそびが広がるポイント

小さな空きペットボトルも置いておき、ビーズを入れて音を楽しみます。子どもと歌いながら楽しみましょう。

重ねたり積んだりするあそび

用意するもの
- 紙コップ（またはプラスチック製のカップ）

準備しておくこと
- なし

5つの領域をCheck!

養護 / 健康 / 環境 / 人間関係 / 言葉 / 表現

遊び方

コップを重ねたり積んだりして遊ぶ

並べたり、積み木のように積んだり、重ねて入れ子にしたり、自由に遊びます。

> **関わりのポイント**
> まずは、保育者が子どもと一緒に並べて積んでいきます。積み損ねて、崩れることも楽しみます。

あそびが広がるポイント

コップと一緒に洗濯バサミを用意しておくと、コップとコップを洗濯バサミでつなげるなど、新しい遊び方ができます。

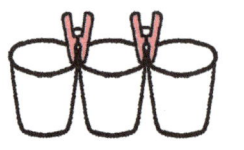

手提げバッグを持ってお出掛け

季節	保育者数	準備
いつでも	一人から	かんたん

用意するもの
- 手提げバッグ（様々な大きさの物を複数）

準備しておくこと
- ままごとコーナーやお世話あそびのコーナーに、大きさの違う手提げバッグを用意しておきます。

5つの領域を**Check!**

養護　健康　人間関係　環境　言葉　表現

遊び方

手提げバッグを使って、玩具を詰めるなど自由に遊ぶ

手提げバッグにままごと道具を詰めたり、お気に入りの絵本を入れたりと自分で持って歩くことが楽しい子どもたちです。何を入れてお出掛けしてもよいように、大きさの違うバッグを用意しておきましょう。

関わりのポイント
　玩具を散らかしたままにしていたら、「また、ままごとができるように戻しておこうね」と保育者が片付ける姿を見せます。

関わりのポイント
　選んだバッグに玩具が入らなかったり、バッグの取り合いが起こったら「こっちのバッグはどうかな」と提案してみましょう。

あそびが広がるポイント

子どもはバッグが大好きです。ままごと道具や玩具などを使ってのお店屋さんごっこを展開すると楽しいです。お財布やお金を作ってバッグに入れると楽しさが広がります。

段ボールボードあそび

用意するもの

● 厚手の段ボール板、ひも（または毛糸）、ビニールテープ

準備しておくこと

● 段ボール板に直径1cm程度の穴をたくさん開け、手を切らないよう周りにビニールテープを貼っておき、段ボールボードを作ります。

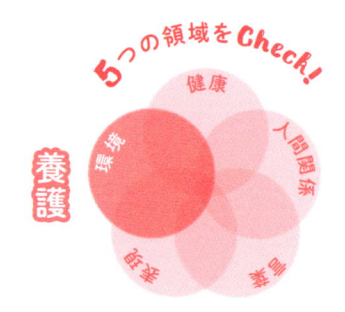

5つの領域を **Check!**

養護 / 環境 / 健康 / 人間関係 / 言葉 / 表現

遊び方

段ボールボードの穴にひもを通して遊ぶ

ひもの先は、テープを巻いたり木工用接着剤で固めたりして通しやすくしておきます。手に持てる大きさの段ボールボードやテーブル大の段ボールボードなど様々な大きさの物があると楽しめます。

関わりのポイント

まずは保育者がひもを通して見せます。ボードの上から通したり下から通したりして楽しみます。

あそびが広がるポイント

ひもの色の種類を増やしていくと、全体がカラフルになり形のイメージが広がります。ひもの太さを変えると通す感覚が変わります。この手先の調整は器用さを育てます。

見えないつなひき

季節	保育者数	準備
いつでも	一人から	しっかり

用意するもの
- 大きめの段ボール箱、ひも

準備しておくこと
- 段ボール箱の側面に穴をあけ、ひもを通して両側に垂らしておきます。ひもの先は結んでおきます。

5つの領域を**Check!**

健康／人間関係／表現／言葉／環境／養護

遊び方

段ボール箱を挟んで向かい合い、ひもを「ひっぱれ、ひっぱれ、よーいドン！」の合図で引く

引いたひもが友達とつながっているとは限りません。どれにしようかと選ぶおもしろさを味わいます。

当たり！

関わりのポイント
保育者があそびの説明をするときに、実際にやってみてつながったら「当たり」とうれしそうに、友達とタッチをして見せます。

あそびが広がるポイント
あそびの楽しさが子ども同士の関わりを広げていきます。あそびの終わりには、「また、一緒に遊ぼうね」と声を掛けます。

ハサミで遊ぼう

季節	保育者数	準備
冬	一人から	かんたん

用意するもの
- ハサミ、色画用紙、画用紙、のり

準備しておくこと
- 色画用紙を細長く（長さ20㎝×幅6㎝程度）切っておきます。

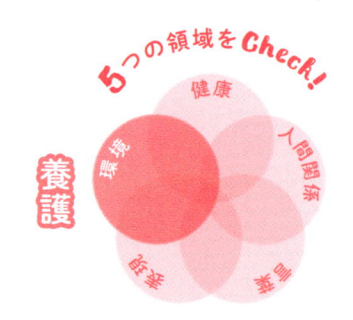

5つの領域をCheck!

養護／健康／人間関係／環境／言葉／表現

遊び方

1 色画用紙をハサミで1回切りする

たくさん切れたね！

手指がしっかり使えるようになったらハサミに取り組みます。まずは保育者がやって見せます。色画用紙を、ハサミで「パッチン」と一回切りをします。

関わりのポイント
ハサミの持ち方は、一対一で丁寧に伝えます。遊んでいるときには、保育者はそばを離れないようにします。

2 切り落とした色画用紙をのりで貼って遊ぶ

画用紙に切り落とした色画用紙をのりで貼って遊びます。

関わりのポイント
手拭きタオルを用意し、シートを敷いて遊びます。子どもに画用紙を見せて「何に見えるかな」と話し、次の遊びに期待がもてるようにします。

あそびが広がるポイント
ハサミが上手に使えるようになってきたら、厚さの違う紙を用意しておくと、もっと切ってみようという意欲が高まり、あそびが広がります。

芯を使って遊ぼう

季節	保育者数	準備
秋・冬	一人から	しっかり

用意するもの
- ペーパー芯、色紙、フェルト

準備しておくこと
- 芯に茶系の色紙を貼り付け、切り込みを入れます。
- フェルトをレタスやソーセージなどの形に切ります。

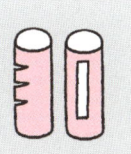

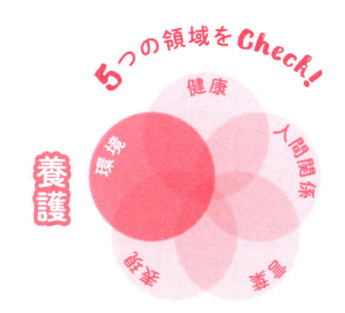

5つの領域をCheck!

養護／健康／人間関係／環境／言葉／表現

遊び方

切り込みを入れた芯をパンに見立てて遊ぶ

具材の形に切ったフェルトや色紙を置いておき、子どもが自由に芯に挟んで遊びます。「これは、○○パン」「食べたことあるよ」とイメージをつなげ、どんどんあそびが広がっていきます。

関わりのポイント

子どもが自由に想像して遊べるように見守ります。大人以上に子どもは発想を広げて遊びます。

あそびが広がるポイント

子どもが作った物から、簡単なやり取りが楽しめるごっこあそびにつなげるよう環境を整えておきましょう。トングやトレー、頭にかぶる大判ハンカチ、エプロンなどを用意しておくとあそびが広がります。

毛糸玉あそび

季節	保育者数	準備
いつでも	一人から	しっかり

用意するもの

● 毛糸 (白、赤、黄、緑色)、ハサミ、フェルト (黒、黄色)

準備しておくこと

● 毛糸でポンポン (大・中・小) を作っておく。黒色のフェルトを輪にし、黄色のフェルトは円形に切ります。

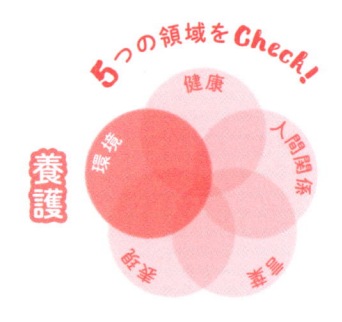

5つの領域をCheck!

養護 / 環境 / 健康 / 人間関係 / 言葉 / 表現

遊び方

ポンポンをフェルトと組み合わせ、お寿司やクレープに見立てて遊ぶ

毛糸で作ったポンポンと、フェルトを一緒に並べておきます。お寿司やピザ、クレープなど、食べ物に見立てます。

関わりのポイント

保育者は「何に見えるかな?」と問い掛けながら、毛糸玉をフェルトで巻いたり器に乗せたりして見せます。子どものイメージを拾いながら言葉にしましょう。

あそびが広がるポイント

生活体験があそびで再現できるよう、子どもが持ちやすい小さめの鍋やフライパン、へら、おたま、鍋つかみなど本物の台所用品を用意しておきましょう。

粘土あそび

季節	保育者数	準備
いつでも	一人から	かんたん

用意するもの

● ジッパー付きポリ袋、粘土（小麦粉粘土・油粘土）、ボトルキャップ、ストロー（太め）

準備しておくこと

● ジッパー付きポリ袋に、子どもが扱いやすい量の粘土を入れておきます（人数分）。

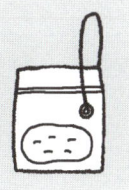

5つの領域をCheck!

養護 ／ 環境 ／ 健康 ／ 人間関係 ／ 言葉 ／ 表現

遊び方

粘土を丸めたり伸ばしたりして、形が変わることを楽しむ

子どもが粘土の形が変わることに気付いたら、「何ができたかな」と声を掛けます。机の上に、ボトルキャップや太めのストローを用意しておくと、粘土と自由に組み合わせて遊びます。

関わりのポイント
例えば子どもが、「おだんごできた」と言ったときには、「まん丸のおだんごだね」「おいしそう」などと声を掛けます。

関わりのポイント
一人ひとりにポリ袋に入った粘土を用意して、遊び終わったらそのポリ袋に入れて片付けるよう伝えます。

あそびが広がるポイント

子どもが手に取れるところに粘土と敷物を用意しておくと、好きなあそびの一つとして遊べるようになります。

壁面アート

季節	保育者数	準備
いつでも	一人から	しっかり

用意するもの

- 模造紙、クレヨン、色紙、お菓子の空き箱、ストロー、両面テープ

準備しておくこと

- 壁面に模造紙を貼り付けます。
- 空き箱にストローを挿せる穴をあけておきます。

5つの領域をCheck!

養護 / 健康 / 人間関係 / 環境 / 音楽 / 言葉

遊び方

1 模造紙に自由にクレヨンで絵を描く

好きな色を選んで様々なイメージで線を描きます。色紙で折った物を壁面に貼ってもよいでしょう。貼った色紙からイメージを広げます。

関わりのポイント
筆圧の弱い子には、フェルトペンを用意します。力が弱くても発色の良いフェルトペンによって描くことが楽しくなるようにします。

2 子どもが描いた絵や、折った色紙をペープサートにする

子どもが自由に描いた絵や折った折り紙にストローをつけ、ペープサートにします。壁面に空き箱を取り付けてペープサートを飾ったり、手に持ったりしてお話をして遊びます。

関わりのポイント
子どもが何を作ったのか、描いたのかを聞きながら楽しく作ります。子どものイメージを言葉にします。

あそびが広がるポイント

ペープサートは、子どもが好きな絵本の主人公などをペープサートにすると、親しみをもって遊ぶことができます。

新聞紙あそび

季節	保育者数	準備
いつでも	一人から	なし

用意するもの
- 新聞紙

準備しておくこと
- なし

5つの領域を**Check!**
健康／人間関係／言葉／表現／環境／養護

遊び方

新聞紙一枚を両手で持ち「いないいない」で隠れ、「ばぁ！」で顔を出す

体をすっぽりと隠す大きな新聞紙にワクワクします。自分だけの隠れ家の気分です。隠れるのを楽しんだら、新聞紙をひらひらパタパタと動かして音を出して遊びます。

関わりのポイント
円になると、「いないいない〜ばぁ！」と顔を出したときに、子どもたちが互いの顔を見ることができ、楽しさが共有できます。

関わりのポイント
新聞紙を動かして「どんな音がした？」と聞きます。音のイメージを豊かにすることにつながります。

あそびが広がるポイント
新聞紙は、たたむ、上に乗って遊ぶ、丸めてボールにするなど様々なあそびに発展します。

寒天あそび

季節	保育者数	準備
夏	一人から	しっかり

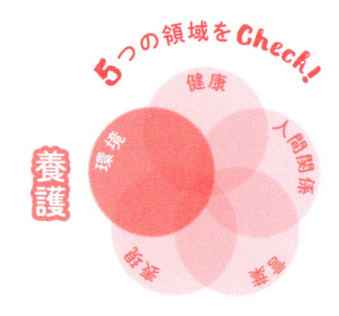

5つの領域を **Check!**

養護

健康　環境　人間関係　言葉　表現

用意するもの

● 粉末寒天、食紅、鍋、バット、水、型抜き、透明の空き容器（プリンや豆腐などの容器）、トング、スプーン

準備しておくこと

● 寒天に色をつけ、冷やして固めておきます。

作り方

粉末寒天と適量の水（粉末寒天4gに対し500ml程度）、食紅を鍋に入れ、弱火で煮溶かします。

 →

バットに流し入れ、ある程度冷めたら冷蔵庫で冷やしておきます。

遊び方

寒天の感触を楽しんだり、型抜きしたりして遊ぶ

寒天そのものの感触を楽しみながら、表現する楽しさを味わいます。プリンの容器やトングなどを置いておくと、型抜きした寒天を使ったごっこあそびに発展します。

関わりのポイント

子どもが口に入れないように「これは食べるゼリーではないからね」と伝え、口に入れないように注意して遊びます。

おはなし地図

季節	保育者数	準備
秋・冬	一人から	かんたん

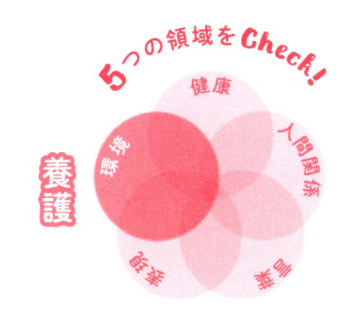

5つの領域をCheck!

健康 / 人間関係 / 環境 / 言葉 / 表現 / 養護

用意するもの

● 模造紙、ミニカーやブロック、人形などの玩具

準備しておくこと

● 模造紙に、道路や園、公園などの身近な場所の簡単な地図を描いておきます。

遊び方

地図の上に玩具を置いて、ジオラマ風にして遊ぶ

地図の上にブロックで家を作ったり、車を走らせたりして遊びます。

関わりのポイント
子どもが思いついたことを、受け止めたり、問い掛けたりしながら、分かりやすく言葉にしましょう。

あそびが広がるポイント

模造紙に子どもが好きな絵本の背景を描いてみましょう。「何を作ろうかな」と子どもと話しながらストーリーを展開していきます。

ラッピングあそび

季節	保育者数	準備
秋・冬	一人から	かんたん

用意するもの

● 弁当箱、箱（弁当箱くらいの大きさ）、大判ハンカチ、包装紙、紙袋、カラー平ゴム、リボン

準備しておくこと

● カラーの平ゴムを輪にしておきます。
● ままごとコーナーに、弁当箱・大判ハンカチ・箱・包装紙・紙袋・カラー平ゴム・リボンを用意しておきます。

5つの領域をCheck!

養護　環境　健康　人間関係　言葉　表現

遊び方

お弁当箱を大判ハンカチで包み、遠足ごっこをする

布だけでなく、包装紙や紙袋に入れて楽しみます。ラッピングの素材を変えることで、子どもは素材の性質の違いに気付いていきます。保育者が手伝いながら包みます。子どもの工夫を見逃さず、子どもがやったこと、できたことを認めるよう関わります。

あそびが広がるポイント

ラッピングあそびをするそばに、手提げバッグやリュック、ピクニックシートなど遠足の雰囲気が出る物を用意しておくとあそびが広がります。

変身ボタン＆スナップ

季節	保育者数	準備
いつでも	一人から	しっかり

用意するもの

- 子ども用のベストやTシャツ（着なくなった既製品）、フェルト、ボタン（大・中・小）、スナップ

準備しておくこと

- フェルトで果物や車などのボタンホールを作ります。ベストにボタン、Tシャツにスナップを付けます。

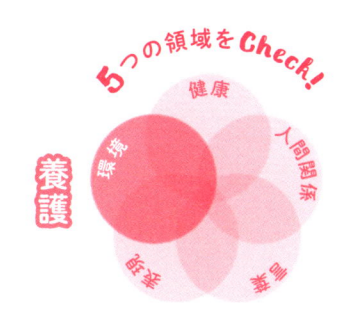

5つの領域をCheck!

養護／健康／人間関係／環境／言葉／表現

遊び方

ボタンやスナップの付いた服に、フェルトを付けたり、着たりする

ベストには子どもが扱いやすい大きさのボタンをつけておき、衣類ハンガーに掛けておきます。ボタンの付けはずしをしたり、自分で着たりして遊びます。

関わりのポイント

「ここには大きいイチゴをつけるんだね」「ここは小さいボタンかな」など、フェルトやボタンの大きさがいろいろあることに気付くことができるように声を掛けます。

あそびが広がるポイント

フェルトの形や色を増やしたり、服の形を変えたりすると、楽しさが広がります。

第3章
身近な素材のあそび

レールあそび

用意するもの

● 玩具の汽車や電車、玩具用のレール、マスキングテープ

準備しておくこと

● レールを遊具棚などの上に設置し、マスキングテープで固定します。

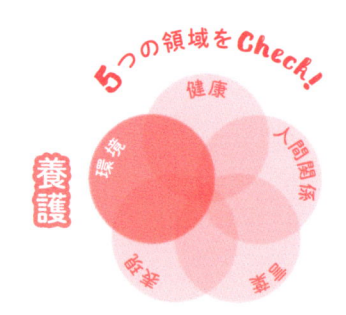

5つの領域をCheck!

養護　健康　人間関係　表現　言葉　環境

遊び方

レールを使って電車あそびをする

遊具棚の上などの一角にレールを設置します。電車・汽車を走らせて遊べる場として設定します。子どもが一人でじっくり遊んでいるときには、静かに見守ります。

関わりのポイント
子ども同士の思いがぶつかったら、個々の思いを代弁しながら仲立ちします。

関わりのポイント
レールが常に設置されているので、子どもがすぐに出して遊べます。片付けも簡単です。

あそびが広がるポイント

人数が増えてきたら広いスペースを確保します。つなぐ前のレールを用意すると子どもは自由につなげながら、イメージをふくらませていきます。「もっと遊びたい」「また遊びたい」と思える環境を大切にします。

並べて遊ぼう

季節	保育者数	準備
いつでも	一人から	しっかり

用意するもの

- 卵パック、ハサミ、テープ、素材（フェルト・毛糸・ビーズ・色紙など）

準備しておくこと

- 色紙と毛糸は丸めてボール状にします。
- 卵パックの蓋を切り離しておきます。

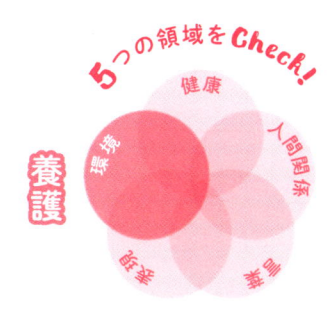

5つの領域をCheck!

養護　健康　人間関係　環境　言葉　表現

遊び方

素材を卵パックに入れて並べて遊ぶ

素材別に分けてままごとコーナーに置き、子どもが自由に手にとれるようにします。子どもは、様々な素材に触れて、手触りの違いを楽しんだり、素材を卵に見立てて遊んだりします。

関わりのポイント　どの素材にしようか迷っていたり、素材の取り合いをしている子には「こんなのもあるよ」と知らせます。

関わりのポイント　卵パックがプラスチック製の場合は、子どもが手を傷つけないよう、切り口にテープを貼ります。

あそびが広がるポイント

お店屋さんごっこなどに発展しやすいように、子どもの手のサイズに合ったトングや、レンゲ・お弁当箱もそばに置いておきましょう。

丸シールあそび

季節	保育者数	準備
秋・冬	一人から	かんたん

用意するもの

● 画用紙、カラー丸シール（直径1〜2cm程度）

準備しておくこと

● 画用紙に線を引きます。

● 丸シールを色や大きさ別に分けます。

5つの領域をCheck!

養護　健康　人間関係　環境　言葉　表現

遊び方

画用紙上の線に合わせて丸シールを貼っていく

画用紙に引いた線の上や線の内側に丸シールを貼ります。線に沿ってシールを貼っていくことで、どんな形になるのか想像しながら遊びます。

関わりのポイント

うまく貼ることが目的ではないので、「たくさん貼れたね」など一人ひとりのよさを認めて声を掛けましょう。

あそびが広がるポイント

フェルトペンを用意して、子どもが自由に線を足して楽しめるようにします。紙とシールをいつでも遊ぶことができるように、子どもの手の届く所に置いておきましょう。

びっくり箱あそび

季節	保育者数	準備
いつでも	一人から	かんたん

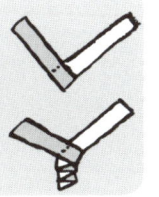
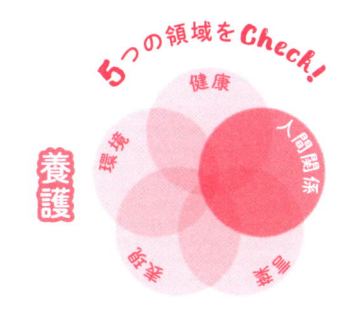

5つの領域を**Check!**

健康 / 人間関係 / 表現 / 言葉 / 環境 / 養護

用意するもの
● 空き箱、紙テープ、2cm幅の色画用紙、ハサミ、のり付きのフェルト、シール

準備しておくこと
● 細長く切った色画用紙を組み合わせて、蛇腹になるように折り、箱の底に固定しておきます。

遊び方

びっくり箱を開けたり閉めたりして遊ぶ

保育者が作ったびっくり箱に、子どもはシールやフェルトを貼って、自分だけのびっくり箱を仕上げます。友達や保育者が驚いたり笑ったりする様子を見て、楽しさを共有します。

関わりのポイント
子どもがびっくり箱のできあがりを楽しみに思えるよう、「○○ちゃんのびっくり箱、おもしろい箱になってきたね」などと声を掛けましょう。

あそびが広がるポイント
びっくり箱を開けた後、保育者は蛇腹を丁寧に箱の中にしまって見せます。こうすることで繰り返し遊べることを子どもに伝えます。

変身帽子

季節	保育者数	準備
秋・冬	一人から	かんたん

5つの領域を Check!

養護 / 環境 / 人間関係 / 健康 / 言葉 / 音楽

用意するもの
- 紙袋（子どもの頭が入る大きさ）、四つ切り色画用紙（3㎝幅）、ホチキス、ハサミ、鏡

準備しておくこと
- 帽子につける帯（色画用紙）を作っておきます。

遊び方

変身帽子をかぶって楽しむ

帽子につける帯の色を子どもが選びます。帯の色が決まったら、紙袋と組み合わせて変身帽子を作ります。かぶりやすいように紙袋の口に切り込みを入れます。子どもは変身帽子をかぶって遊びます。

関わりのポイント

変身帽子をかぶった姿を鏡で見たり、友達と見せ合ったりして、どんな風に見えるかをみんなで話します。

あそびが広がるポイント

紙テープや布リボン、毛糸などを用意しておきましょう。子どもが帽子の飾りつけを更に楽しめるようになります。

ボトルキャップボードゲーム

季節	保育者数	準備
いつでも	一人から	しっかり

用意するもの
● ボトルキャップ（たくさん）、空き箱、ビニールテープ、カッターナイフ、カラー輪ゴム、ひも

準備しておくこと
● ボトルキャップボードを作っておきます。

5つの領域をCheck!

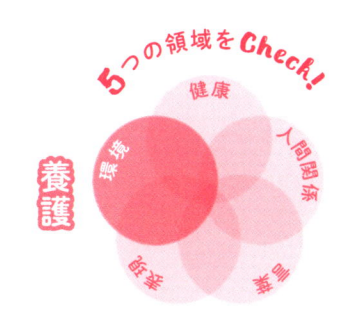

養護　環境　健康　人間関係　言葉　表現

作り方

箱でボードを作る

箱にペットボトルキャップの大きさの穴をあけてボードを作ります。ペットボトルキャップは2つ重ねてビニールテープでつなげます。

遊び方

関わりのポイント　あそびの途中でキャップが足りなくならないよう、キャップは子どもの数より多めに用意します。

1 ボトルキャップを差し込む

まずは一人でじっくり遊びます。

2 ボトルキャップにカラー輪ゴムをかけて、いろいろな形を作る

キャップボードにすべてキャップを差し込んだら、カラー輪ゴムをかけて遊びます。秩序と規則性を好むこの時期だからこそ楽しめるあそびです。

関わりのポイント　いろいろな色の輪ゴムやひもがあることで「また遊びたい」「今度は違う形を作りたい」という気持ちが高まります。

3 いろいろな色のひもや輪ゴムを使う

ひもを使うとより複雑な形が作れます。ひもは子どもの首などに巻きつくと危険なので、子どもから目を離さないようにします。遊んだ前と後で、輪ゴムとひもの数を確認しましょう。

フーッて吹いて！

季節	保育者数	準備
いつでも	一人から	かんたん

用意するもの
- 色紙（いろいろな色）、ストロー（長さや太さにバリエーションをつける）、ビニールテープ

準備しておくこと
- 色紙を2つ折りにし、絵を描いておきます。

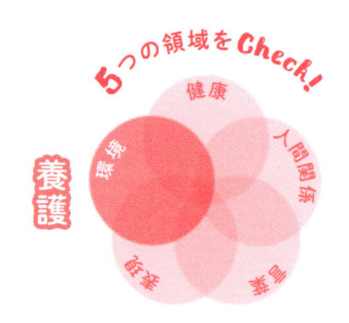

5つの領域をCheck!

養護／環境／健康／人間関係／言葉／表現

遊び方

色紙に向かってストローなどで息を吹きかけ、遠くへ飛ばして遊ぶ

テーブル端から、向かい側に置いてある色紙に向かって息を吹きかけます。ストローや口で吹いて、遠くへ飛ばして楽しみます。ストローと口、またはストローの長さや太さによって飛ぶ距離が違ってくるのがポイント。

関わりのポイント
「遠くに飛んだね」などと声を掛け、色紙が飛ぶ距離をコントロールできることを、子どもが実感できるようにします。

関わりのポイント
子どもが自分の物と友達の物を区別できるように、それぞれの色紙に絵を描いておくといいでしょう。

あそびが広がるポイント
紙を吹いて動かすことを楽しんだら、的を用意しましょう。みんなで的に向かって吹いてみることで、あそびをより楽しむことができます。

洗濯ネットの何でもバッグ

季節	保育者数	準備
いつでも	複数で	かんたん

用意するもの
- 網目が細かい洗濯ネット（半円形の物）、持ち手テープ

準備しておくこと
- 肩から掛けられるように、洗濯ネットに持ち手テープを付けておきます。

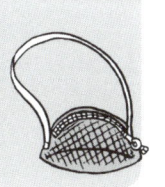

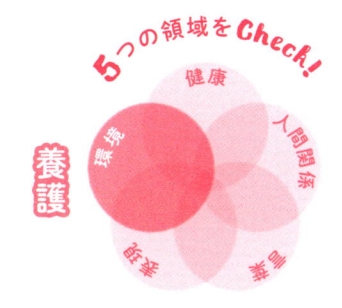

5つの領域を *Check!*

養護　健康　人間関係　環境　言葉　表現

遊び方

外で見つけた草花や虫を「何でも」バッグに入れて楽しむ

肩かけテープの長さは、子どもの体格に合わせて調節します。ネットのファスナーのつまみが小さいと開け閉めが難しいので、ファスナーを引っ張るひもを付けてもいいでしょう。保育者も友達も、みんなでおそろいのバッグを使うことで楽しさが共有できます。

関わりのポイント
「何でもバッグに何を入れようかな〜」など子どもの発想のきっかけとなるよう声を掛けましょう。

関わりのポイント
何でもバッグに、その子だけのマークを付けておくと、「これは自分の物」という意識が芽生えます。

あそびが広がるポイント
夏の水あそびでは、何でもバッグにおもちゃを入れて遊びましょう。ぬれてもすぐ乾きます。秋は、ドングリ集めや落ち葉拾いで大活躍！

おんぶに抱っこ

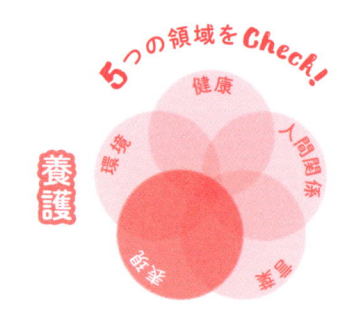
5つの領域をCheck!

健康 / 環境 / 人間関係 / 養護 / 言葉 / 表現

用意するもの

● ハンドタオル、ひも、ハサミ、針と糸またはミシン、人形やぬいぐるみ

準備しておくこと

● 人形用のおんぶひもを作っておきます。

作り方

人形用のおんぶひもを作る

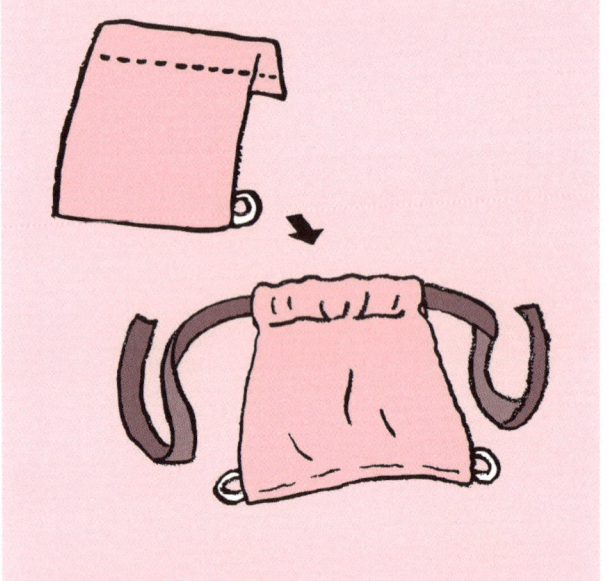

ハンドタオルの上部を折り返して縫います。ここにひもを通します。下部の左右にはひもを輪っかにして付けて完成です。

遊び方

おんぶひもを使って、好きな人形をおんぶしたり、抱っこしたりする

子どもは人形をおんぶしたり抱っこしたりして遊びます。

関わりのポイント

ひもを結べずにいる子には、「お手伝いしましょうか」と声を掛けてあげましょう。

あそびが広がるポイント

おんぶひもは、ままごとコーナーの人形の側に置きます。人形用のベッドや布団、イスなどが近くにあることでイメージが膨らんでいきます。

野菜パペット

季節	保育者数	準備
いつでも	一人から	かんたん

用意するもの
- 季節の野菜、爪ようじ、黒い丸シール、赤い丸シール

準備しておくこと
- 爪ようじと丸シールを使い、野菜パペットを作っておきます。

5つの領域をCheck!

健康　人間関係　言葉　表現　環境　養護

遊び方

給食の時間に、歌をうたいながら野菜パペットを紹介する

給食がカレーライスの日に、子どもと一緒に『カレーライスのうた』を歌ってパペットを見せます。サラダがあれば、『キャベツはキャ』の手遊び歌でパペットを見せてもいいでしょう。毎日食べている野菜に関心をもつことで、食べることが楽しくなります。

関わりのポイント
野菜パペットがしゃべっているように動かすと、子どものイメージが広がり、野菜パペットへの関心が高まります。

関わりのポイント
野菜は、口にする物なので大切に扱います。保育者は両手で包むように野菜パペットを持って見せるようにします。

あそびが広がるポイント

保育者のエプロンに鍋の形のワッペンを付けたり、野菜パペットを入れる器を鍋にしたりすると、カレー作りの雰囲気が伝わります。

どんな迷路ができるかな？

季節	保育者数	準備
秋・冬	一人から	かんたん

用意するもの
- 画用紙、フェルトペン、無地のお絵かき用シート

準備しておくこと
- テーブルにお絵描き用シートを敷きます。
- 画用紙の左上にドングリの絵を、右下に池の絵を描いておきます。

5つの領域をCheck!

養護　環境　健康　人間関係　表現　言葉

遊び方

画用紙の上のスタート地点からゴール地点まで、自由に線を引いて遊ぶ

左上から自由に線を描いていき、右下へゴールします。たくさんなぐり描きを経験して、ゴールまでたどりつきます。

関わりのポイント
「長いね〜」「ぐるぐるしているね」と描けたことに共感して声を掛けます。

スタート

ゴール

関わりのポイント
フェルトペンは子どもが持ちやすい太さの物を用意します。子どもの持ち方を観察し、描きにくそうなときは描きやすい持ち方を伝えましょう。

あそびが広がるポイント

子どもが好きなときに遊べるように、フェルトペンと画用紙は出し入れしやすい棚に収納しておきます。

スーパーボールで遊ぼう

季節	保育者数	準備
夏・秋・冬	一人から	しっかり

用意するもの

● 空き箱、ボトルキャップ、両面テープ、スーパーボール

準備しておくこと

● 空き箱とボトルキャップでボードを作っておきます。

第3章 身近な素材のあそび

作り方

空き箱とボトルキャップでボードを作る

箱の底にボトルキャップを両面テープなどで固定します。

遊び方

箱を動かして、スーパーボールを転がす

両手で箱を動かして遊びます。落ち着いて遊べる静かな場所にコーナーを設定しましょう。

関わりのポイント

箱を動かすとボールが動くことに気付いた子どもには、おもしろさや楽しさに共感するような声を掛けます。

あそびが広がるポイント

保育者が箱の中のボールの動きを解説することで、やっている子も見ている子も楽しくなります。

スーパーボール落とし

季節	保育者数	準備
夏・秋・冬	一人から	しっかり

5つの領域を**Check!**

養護 / 環境 / 健康 / 人間関係 / 言葉 / 表現

用意するもの

● 大きいペットボトル（2Lまたは1.8L）、厚紙、テープ（あれば手芸用グルーガン）、スーパーボール

準備しておくこと

● 下の図のようにペットボトルに厚紙とスーパーボールをセットしておきます。

作 り 方

ペットボトルの直径に合わせて1枚の厚紙を丸く切ります。さらにスーパーボールの大きさに穴をくり抜きます。ペットボトルを半分に切り、厚紙とスーパーボールをセットし、ペットボトルをつなぎ合わせます。

 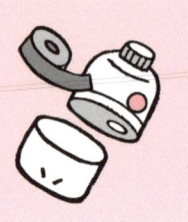

遊 び 方

ペットボトルを動かし、スーパーボールを穴に落として遊ぶ

大きなペットボトルの中のスーパーボールを目で追い、動きをコントロールして穴に落とします。大人には簡単にできることですが、子どもは体のコントロールが必要です。

関わりのポイント
保育者が、丁寧にペットボトルを出したり片付けたりする様子を見せることで、子どもに物の扱い方を伝えます。

関わりのポイント
ペットボトルを見える場所に収納し、子どもが遊びたいときにすぐ出せるようにします。ペットボトルを立てて片付けると見栄えもきれいです。

台所用スポンジで作るままごと素材

用意するもの
- 台所用スポンジ（魚形、角形）、フェルト（白・赤・茶・黄色）、面ファスナー、ハサミ、針、糸

準備しておくこと
- 角形スポンジを1.5cm四方や三角に切ります。

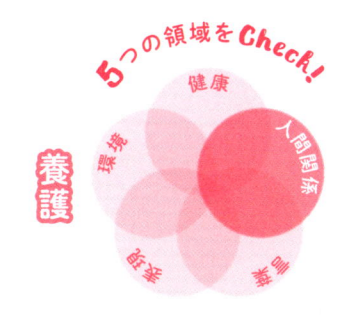

5つの領域をCheck!

健康 人間関係 環境 養護 言葉 表現

第3章 身近な素材のあそび

遊び方

1 スポンジを自由に食材に見立てて、ままごと遊びをする

子どもは、魚形のスポンジを魚に見立てたり、切ったスポンジをご飯や豆腐に見立てたりして遊びます。

> **関わりのポイント**
> 子どもが見立てて遊んでいるところに「今日は何を作ったの？」「おいしそう。食べてみたいわ」などと話し掛けましょう。「それは○○ね」と保育者が先に決めつけないことが大事です。

2 三角に切ったスポンジを使って、ケーキ屋さんごっこをする

スポンジにフェルトや赤いボタンをつけて、ショートケーキを作っておくと、かわいいケーキに子どもの夢がふくらみ、ケーキ屋さんごっこに発展します。

> **関わりのポイント**
> 「いらっしゃいませ」「○○をください」「いくらですか」など、ごっこあそびに必要な言葉を使います。

あそびが広がるポイント

ケーキを入れる箱や手提げ袋、パックなどを用意すると、やり取りが活発になり、買い物ごっこが広がっていきます。

自然あそび

自然とは、植物だけではなく水、風、光なども含むと考えると、

子どもが触れる自然は戸外とは限りません。

保育者が自然に目を向けて、保育に積極的に取り入れようとすることが大切です。

自然物の種類と季節を意識をして、保育を彩りましょう。

保育者の問い掛けを理解して、言葉や指さしで応じるようになってきます。そうした姿に続いて語彙が増えていきます。自然は急に風が吹いたり、水が思ったよりも冷たかったり、思い通りでないこともあそびの一つです。子どもが「伝えたい」「表現したい」と思う場面にたくさん出会うことができるのも自然のあそびのよさといえるでしょう。

力の調節をしながら遊ぶことができるようになります。自然物を摘むということができるようになり、入れ物に入れたり、他の物と組み合わせて遊ぶようになっていきます。保育者が遊び終えた物を飾ったり、大切に扱う姿を見せたりすることが、自然を大切にする気持ちを育んでいきます。

なんでも見つけ隊

季節	保育者数	準備
いつでも	複数で	しっかり

用意するもの
- ペーパー芯、太いリボン、ポリ袋のバッグ、丸シール、油性フェルトペン

準備しておくこと
- ペーパー芯で双眼鏡を作ります。

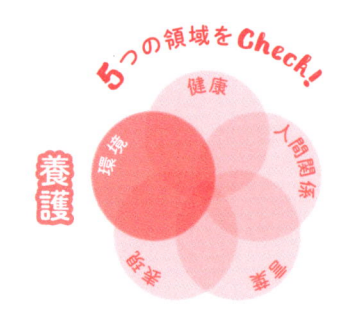

5つの領域を*Check!*

養護／健康／人間関係／環境／表現／言葉

遊び方

1 双眼鏡を作る

ペーパー芯で双眼鏡を作っておき、子ども一人ひとりに渡します。子どもが双眼鏡にシールを貼ったり絵を描いたりして完成です。

関わりのポイント
双眼鏡に子どもが自分でシールを貼ったり色を塗ったりすることで自分の物として大切にするようになります。

2 双眼鏡を持って外に出る

草花やダンゴムシ、草木の陰にいるカタツムリやセミの抜け殻など、季節によって様々な自然物を見つけます。見つけた物は、ポリバッグに入れて大切に持ち帰りましょう。

関わりのポイント
「探検に行こう！」と、子どもたちと一緒にワクワクしながら出掛けましょう。園外へ出る際は、危険な場所がないか事前に確認しておきます。

あそびが広がるポイント
季節によって見つけられる物が違います。園庭にはどんな動植物があるのか、近隣の公園には何があるのか、事前に調べておきましょう。

傘の水あそび

季節	保育者数	準備
夏	一人から	かんたん

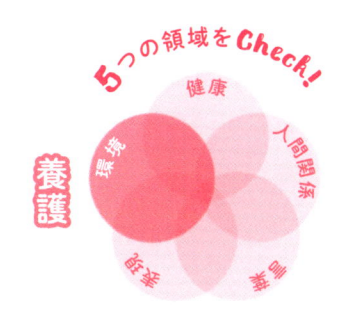

5つの領域をCheck!

養護 / 健康 / 人間関係 / 環境 / 言葉 / 表現

用意するもの

● ビニール傘、ジョウロ、水あそび用バケツ、突っ張り棒、S字フック、草花、スーパーボール、ゼリーボール

準備しておくこと

● 子どもがけがをしないように、傘に破損がないかどうか点検しておきます。

遊び方

1 傘の上からジョウロで水を流す

子どもたちは広げた傘の中に入り、その上から保育者がジョウロで水を流します。子どもたちは上から流れる水を見ます。

関わりのポイント

子どもが落ちてくる水に興味がもてるよう声を掛けます。子どもは、水の流れを目で追ったり、水に触れたりすることで水の不思議さを感じます。

2 逆さまにした傘に水を入れ、草花やスーパーボールを浮かべる

傘を逆さまにつるします。そこに少量の水を入れ、夏の草花やスーパーボール、ゼリーボールなどを浮かべます。天気がよいと、水が太陽を反射してキラキラしている様子が見られます。

関わりのポイント

水の輝きを「キラキラしているね」と、子どもと一緒に見ます。遊んでいるときは目を離さず、必ず片付けてから離れましょう。

あそびが広がるポイント

いつもと違う水との触れ合いを経験することで、子どもは水への興味をもちます。水あそびで使える玩具をすぐに手に取れる場所に置いておくことで子どもが自由に遊べるようにしておきます。

第4章 自然あそび

ボールと水のあそび

季節	保育者数	準備
夏	一人から	かんたん

用意するもの

● ファスナー付きポリ袋、ゼリーボール、小さいスーパーボール

準備しておくこと

● ポリ袋の中にゼリーボールやスーパーボールを入れておきます。

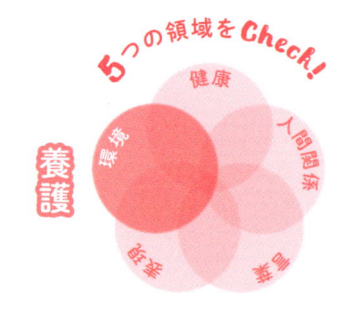

5つの領域をCheck!

養護 / 健康 / 人間関係 / 言葉 / 環境 / 表現

遊び方

ボール入りポリ袋を持って水あそびをする

ポリ袋に入った水の重さや感触を確かめたり、袋の中のボールが光ったり動いたりする様子を見て楽しみます。
保育者は「気持ちいいね」「ぐにゃぐにゃするね」などと言葉を掛けましょう。

関わりのポイント

ポリ袋を「キラキラしているね」「冷たいね」などと言いながら、両手で優しく子どもの手に乗せます。そうすることで、子どもたちが水と光の不思議さに出合っていきます。

あそびが広がるポイント

水あそびを楽しむのと同時に、いろいろな素材の入ったポリ袋を用意します。光や水の反射の不思議さへの興味が広がります。

流れる舟あそび

用意するもの
● バスマット、台、大きなタライ、ビニールシート（またはポリ袋）、発泡スチロール、トレー、接着剤、爪ようじ、色紙、大きめのジョウロ

準備しておくこと
● 台を置き、ビニールシートを掛けたバスマットを斜めに立て掛けておきます。
● 発泡スチロールで舟を作ります。

5つの領域を**Check!**

養護 / 健康 / 人間関係 / 環境 / 言葉 / 表現

作り方

4cm角に切った発泡スチロールを、トレーの底に接着剤で固定します。

爪ようじに、色紙などで旗を付けます。発泡スチロールの上に旗を固定し、舟の完成です。

遊び方

ジョウロやホースの水で舟を流して遊ぶ

子どもたちはバスマットの上に自分の舟を置きます。保育者がジョウロなどの水で舟を流します。水が舟を押し流す様子を見て「早いね」「ちょっと遅いね」などと言いながら遊びます。

関わりのポイント 保育者は水を流す合図を伝えるとき、「舟が出発します！」「5・4・3・2・1・0！」などとリズムよく声を掛けましょう。

関わりのポイント 水を流す量を変えることで、水の強弱を感じ取れるようにします。どうしたら舟がうまく流れるのかを、子どもと一緒にいろいろと試します。

第4章 自然あそび

みんなで秋を見つけよう！

季節	保育者数	準備
秋	複数で	かんたん

用意するもの
● ポリ袋、ひも

準備しておくこと
● ドングリや落ち葉の絵本を、本棚や遊具棚の上に飾っておきます。
● ポリ袋にひもを付け、ポシェットを作っておきます。

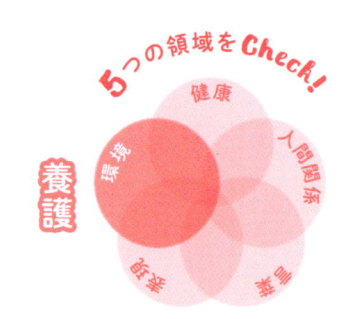

5つの領域をCheck!

養護　環境　健康　人間関係

遊び方

1 ドングリや落ち葉を集める

園庭や公園などで、ドングリや落ち葉、小枝などを集めましょう。ドングリをたくさん手のひらに乗せて重さを感じたり、落ち葉の中に手を入れて感触を楽しんだりします。集めた自然物はポシェットに入れて持ち帰ります。

関わりのポイント
子どもが発見した自然物に「これ何だろうね」「きれいな落ち葉を見つけたね」などと共感しながら言葉を掛けます。

2 見つけた物を、並べたり見立てたりして楽しむ

持ち帰った自然物を並べてみんなで観察しましょう。落ち葉の色の違いや、形の違い、ドングリの大きさの違いなどがよく分かります。ドングリや落ち葉が出てくる歌をうたったり、絵本を見て楽しみます。

関わりのポイント
「この落ち葉は、○○ちゃんのシャツと同じ黄色だね」と会話の中から自然物への興味を引き出します。

あそびが広がるポイント
持ち帰った自然物は、目につく場所に飾ったり、後日あそびに使ったりします。子どもが「また自然物集めをしたい」と思える工夫をします。

風車で遊ぼう

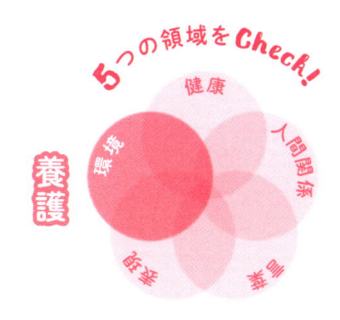

5つの領域を**Check!**

養護 / 環境 / 健康 / 人間関係

用意するもの
- 画用紙、先の曲がるストロー、爪ようじ

準備しておくこと
- 画用紙を15cm四方に切っておきます。

作り方

画用紙に折り目をつけて、ハサミで切れ目を入れます。中心に向かってのりづけをし、のりが乾いたら中心に爪ようじとストローをさして固定します。

遊び方

1 正方形の画用紙に色を塗る

関わりのポイント
「どんな風車ができるかな」と声を掛けます。子どもの自由な表現を認める姿勢をもちましょう。

子どもは、画用紙に自由に色を塗ったり、絵を描いたりします。保育者は、この紙を折って上の図のように風車を仕上げます。

関わりのポイント
完成した風車を吹いて見せ、風車を持って出掛けることを子どもたちが楽しみに思えるようにします。

2 広い場所で風車で遊ぶ

広い場所に出掛け、子どもと一緒に風車が回る様子を楽しみます。爪ようじを使っているので、危険のないように注意します。

関わりのポイント
風車の回る様子を「〇色のぐるぐるだね」などと具体的に言葉にすることで、子どもは風車が回ることに興味をもちます。

行事あそび

日本には、季節や古来からの文化に触れられる行事がたくさんあります。

保育内容として取り入れている園も多いでしょう。

その行事の意味や由来を理解するというよりも、

楽しい雰囲気を味わうということで十分な年齢です。

保育時間が長くなってきています。時折、保育を彩るものとして行事があるのは、子どもにとっても楽しいことでしょう。でも、練習が必要な行事はちょっと注意が必要です。

まだ自分の思いが中心の時期です。ありのままの子どもの姿、子どもなりの表現が認められる行事を考えてみましょう。

3歳に近くなると、イメージしたものを構成するあそびが見られるようになります。行事に関連する製作などを行なう園もあるでしょう。保育者のイメージとは違っていても、子どもなりにイメージしているものがあればそれを認めてあげたいものです。そうした関わりを通して、子どもは表現することや、それを受け止めてもらう楽しさを感じるようになっていきます。

こいのぼりトンネル

季節	保育者数	準備
春	複数で	かんたん

用意するもの
- カラーポリ袋（大きめ）、フープ（大きめ）、透明テープ、フェルトペン（太め）、マット（またはバスマット、段ボール）

準備しておくこと
- ポリ袋をこいのぼりの形に切ります。

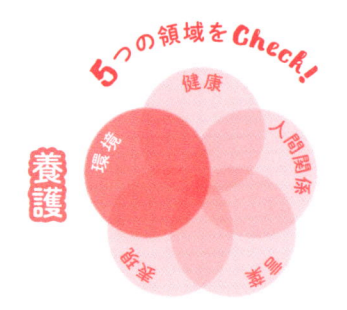

5つの領域をCheck!

養護　環境　健康　人間関係　言葉　表現

遊び方

1 こいのぼりトンネルを作る様子を見る

わあ〜！

カラーポリ袋にこいのぼりの目や鱗を描きます。カラーポリ袋は、中から外が透けるくらいの色を選びましょう。目や鱗が描けたら、破れないように全体を透明テープで補強します。

関わりのポイント
こいのぼりに大きな目や鱗を描きながら、子どもに「こいのぼり、大きいね！」と声を掛けます。

あそびが広がるポイント
あそびの前に、こいのぼりを作る製作あそびをします。こいのぼりトンネルとの大きさの違いが分かります。

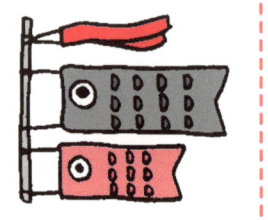

2 こいのぼりトンネルの中をハイハイでくぐって遊ぶ

こいのぼりの口にフープをつけて、こいのぼりのトンネルにします。保育者は、口側としっぽ側でこいのぼりトンネルを支えます。子どもがハイハイしやすいように下にマットを敷きます。

関わりのポイント
子どもがこいのぼりから顔を出したら笑顔で迎えます。「○○ちゃん、元気なこいのぼりになったね」と声を掛けます。

お水大好き

用意するもの
- 大きなタライ、水あそび用玩具、牛乳パック、スーパーボール（水に沈む物）、ビニールテープ

準備しておくこと
- 切り開いた牛乳パックをビニールテープなどでつなげ、パイプを作ります。

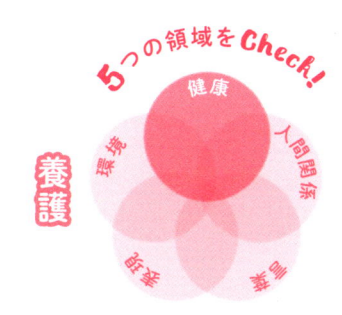

5つの領域をCheck!

健康・環境・人間関係・養護・言葉・表現

遊び方

1 水の流れを見るところから始め、興味が高まったら水に触れてみる

ポチャ〜

牛乳パックのパイプに、水と一緒にスーパーボールなどを流します。水の流れや玩具の浮き沈みを見て楽しみます。水が苦手な子には無理強いをせず、少しずつ水に触れながら遊びます。

関わりのポイント　水が苦手な子には、水が掛からない場所で遊べるように配慮しましょう。

2 水に慣れてきたらプールに入り、浮いている玩具を拾って遊ぶ

水に慣れてきたら、水に入ったり、水に沈んでいる玩具を拾ったりして遊びます。積極的に遊びたい気持ちを高めるきっかけに、水鉄砲やジョウロなども用意しましょう。

関わりのポイント　水あそびは体調の配慮が必要です。子どもの体が冷えないように、水から出て休憩する時間をとりましょう。

あそびが広がるポイント

プールで拾った玩具を入れるバッグを牛乳パックで作ります。子どもと一緒に作ると水あそびへの期待が高まります。

MILK

第5章　行事あそび

笹飾り作り

季節	保育者数	準備
夏	一人から	かんたん

用意するもの
- 色紙 (四角、三角、丸)、クレヨン

準備しておくこと
- 色紙は同じ形ごとに分けます。のりは平たい容器に入れます。

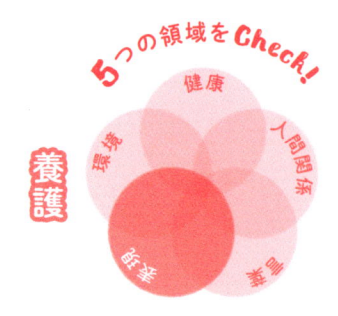

5つの領域をCheck!

養護 / 健康 / 環境 / 人間関係 / 言葉 / 表現

遊び方

笹に七夕飾りを飾る

まず保育者が子どもの目の前で色紙にのりをつけて貼り合わせ、七夕飾りを作ってみせます。興味をもった子どもから色紙にクレヨンでお絵描きをします。できた飾りは、子どもの目線に近い位置に飾ります。子どもは自分の作品に見て触れて、表現の楽しさやできた満足感を味わいます。

関わりのポイント
もっと塗りたいと言う子には、何度でも材料を用意します。七夕のあそびを通して行事の雰囲気を味わいましょう。

あそびが広がるポイント
笹に七夕飾りを飾りながら、七夕の歌をうたったり、雰囲気を楽しめるようにしましょう。

積み上げみこし

季節	保育者数	準備
夏・秋	一人から	しっかり

用意するもの
● 段ボール板、ラップ芯（2本）、空き箱（お菓子箱やカレールーの箱）、木工用接着剤（両面テープ）

準備しておくこと
● ラップ芯2本に段ボール板を付けておみこしの土台を作っておきます。

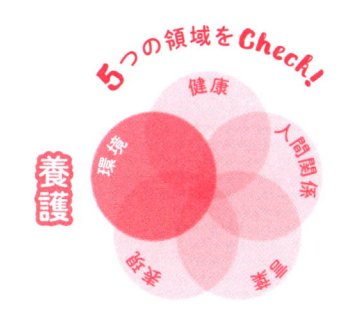

5つの領域をCheck!

養護　環境　健康　人間関係　言葉　表現

遊び方

おみこしをかついで遊ぶ

段ボール板で作ったおみこしの土台に、お菓子の箱などいろいろな箱を木工用接着剤で貼り付けます。できあがったおみこしを持って遊びます。

関わりのポイント
「わっしょい！わっしょい！」とみんなでかけ声を掛けることで、お祭りらしくなります。

第5章 行事あそび

あそびが広がるポイント
お祭りを経験した子どもに話を聞いて、お祭りに必要な物（手ぬぐいなど）を用意します。

イモ掘りごっこ

季節	保育者数	準備
秋	一人から	しっかり

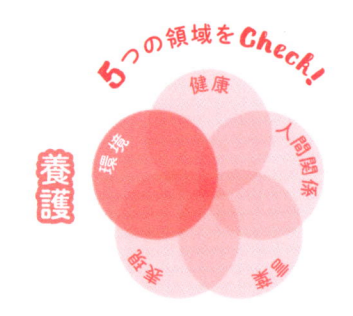

5つの領域をCheck!

養護 / 環境 / 健康 / 人間関係 / 言葉 / 表現

用意するもの

● 段ボール箱、フェルト（こげ茶色、30cm×30cm）、布（段ボール箱を覆い隠すくらいの大きさ）、毛糸か麻糸（緑か茶色）、のり、接着剤、新聞紙、色紙（茶やこげ茶色）

作り方

段ボール箱でイモ畑を作る

段ボール箱の正面に穴（直径20cm程度）を開けます。茶色のフェルトに切り込みを入れて穴の上に貼ります。穴を開けた布を全体に掛けます。

新聞紙と色紙でサツマイモを作る

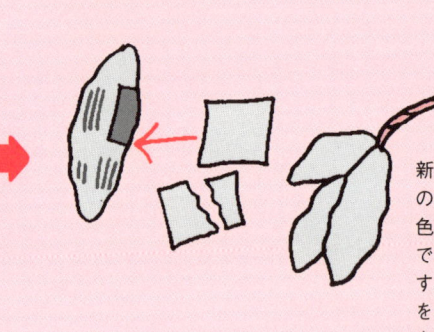

新聞紙でサツマイモの形を作ります。茶色の色紙などをのりで貼り、色をつけます。緑色の毛糸などを巻き、イモのつるを表現します。

遊び方

1 作ったイモ畑でサツマイモ掘りごっこをする

作ったイモをイモ畑にセットし、イモ掘りごっこをします。繰り返し掘ったり、戻したりして、イモ掘りの疑似体験を楽しみます。友達と同じ動きをすることで楽しさの共有ができます。

関わりのポイント
まず保育者が「うんとこしょどっこいしょ」と声を掛けながらサツマイモを抜いて見せ、子どもの興味をひきます。

2 落ち葉を使って焼きイモごっこをする

落ち葉をたくさん集めて、焼きイモごっこをします。「たき火みたいだね」と声を掛けながら、畑のサツマイモを引き抜き、子どもたちと落ち葉の中に隠します。

よーいドン！ ミニ運動会！

季節	保育者数	準備
秋	複数で	かんたん

用意するもの
● 段ボール箱（2〜3箱）、玉入れの玉、ペットボトル

準備しておくこと
● 段ボール箱を重ねて、子どもの身長より少し低いくらいの高さにします。

遊び方

段ボール箱を使って玉入れをする

2歳児のペースを大切にしながら、段ボール箱の中に玉を投げ入れて遊びます。一番下の箱に水を入れたペットボトルを入れておくと安定します。

関わりのポイント
玉入れのかごと違って中が見えないので、玉が幾つか入ったら中を見せて「たくさん入ったね」と子どもたちと一緒に確認します。

かけっこごっこをする

幼児組のかけっこと同じように白線でスタートラインを引いて、並びます。「よーいドン！」とかけ声を掛け、保育者と一緒に走ります。子どもたちは、先生を追い抜こうと走ります。

関わりのポイント
「○○ちゃん、かけっこ早いね」「△△ちゃん、先生より早いなあ」と子どもが走る姿を認めながら声を掛けます。

あそびが広がるポイント
保育者が、できたことを認めたり仲立ちをしたりすることでやる気が高まり、あそびが続きます。子どもは運動会ごっこを繰り返すうち、「友達と一緒だと楽しい」と感じるようになります。

お月見だんごを作ろう

用意するもの

● 小麦粉（または米粉）、水、ボウル、小さな紙皿

準備しておくこと

● ボウルに小麦粉を入れ、適量の水を用意します（小麦粉3：水1くらいの割合が目安）。

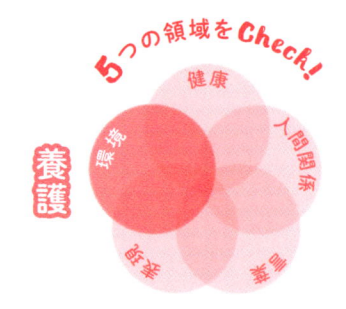

5つの領域を **Check!**

養護 / 健康 / 人間関係 / 環境 / 言葉 / 表現

遊び方

1 小麦粉に水を入れて、小麦粉粘土を作る

聞わりのポイント
小麦粉に水を入れるとき「ここにお水を入れたらどうなるかな？」と声を掛けます。

ボウルに入れた小麦粉に、少しずつ水を加えていきます。モチモチの小麦粉粘土ができあがります。

聞わりのポイント
事前に小麦アレルギーの子がいないか確認してから遊びます。アレルギーの子がいたら米粉で代用しましょう。

2 小麦粉粘土をちぎって丸めておだんごを作る

小麦粉粘土のモチモチした感触を味わいながら、おだんごを作ります。作ったおだんごは小さな紙皿にのせてお月見だんごのように飾ります。

聞わりのポイント
「みんなでお月見だんごを作ろうね」と伝え、先に保育者が粘土を丸めておだんごを作って見せましょう。

あそびが広がるポイント

お月見だんごは子どもたちから見える所に飾りましょう。一緒にススキも飾るとお月見の雰囲気が高まります。

おばけになって遊ぼう

季節	保育者数	準備
秋	複数で	かんたん

用意するもの
- ティッシュペーパー、カラーセロハン（12cm×12cm）、ポリ袋、紙袋、カラーポリなど

準備しておくこと
- ハロウィンの絵本を見て、子どもたちがなりたいもののイメージを高めます。

5つの領域をCheck!
養護　環境　健康　人間関係　言葉　表現

遊び方

1 ハロウィンキャンディとキャンディバッグを作る

ティッシュペーパー2枚を丸めてカラーセロハンに包みキャンディの形にします。キャンディバッグはポリ袋に装飾して作ります。

2 おばけになる

関わりのポイント
「〇〇ちゃんのおばけはなあーに？」「わぁ、怖い〜！」などやり取りを楽しみます。

子どもたちは紙袋やカラーポリをかぶって、自分なりのおばけに変身します。変身した姿をみんなで見せ合います。

3 おばけにハロウィンキャンディをあげる

はい！！

おばけになった子どもにハロウィンキャンディをあげます。ハロウィンキャンディをもらう子どもとあげる子どもを交替しながら遊びます。

あそびが広がるポイント
自分たちのクラスで楽しんだ後、他クラスにキャンディを持って行ってみます。

おばけだぞ〜！

サンタさんと遊ぼう！

季節	保育者数	準備
冬	複数で	しっかり

用意するもの
- 三角帽子（子どもの人数分）、ボンテン、丸シール、楽器（カスタネット、スズ）、音源（『あわてんぼうのサンタクロース』）、サンタの衣装

準備しておくこと
- 子どもたちにプレゼントを用意します。

5つの領域をCheck!
健康／人間関係／言葉／表現／環境／養護

遊び方

1 三角帽子に飾りつけをする

関わりのポイント
飾りつけで接着剤やテープを使うときは、保育者が手伝ったり、やり方を伝えたりしましょう。

子どもは、ボンテンやシールなどで、自分の三角帽子を自由に飾りつけます。できあがったらかぶります。

2 保育者がサンタになり登場する

保育者の一人がサンタになって保育室に登場します。『あわてんぼうのサンタクロース』を流して、子どもたちと一緒に楽器を鳴らしたり自由に踊ったりします。

関わりのポイント
プレゼントをもらうことは子どもにとって嬉しいことです。サンタ役の保育者は一人ひとりにプレゼントを渡します。

あそびが広がるポイント

事前に、保育室にクリスマスの飾りつけをしたり、クリスマスの絵本を読んだりしてクリスマスを楽しく過ごす日と感じられるように工夫しましょう。

伝承あそび

用意するもの

● こまの素材（厚紙、ドングリ、牛乳パック　など）、爪ようじ、レジ袋、紙テープ、たこ糸、セロハンテープ

準備しておくこと

● こまとたこを作ります。

5つの領域を Check!

健康　人間関係　環境　言葉　音楽　養護

作り方

厚紙で作ったこまの土台に、子どもがマジックなどで色を塗ります。保育者が爪ようじをつけてこまのできあがり。

遊び方

こまを回して遊ぶ

関わりのポイント

「○○ちゃんのこまよく回るね」「先生と一緒にやってみようか」など一人ひとりに言葉を掛けましょう。

こまを回すのは難しいので「先生と一緒にやってみようか」など、回すコツを伝えましょう。爪ようじを使っている物は、安全に留意しましょう。

作り方

レジ袋に紙テープのたこ足とたこ糸をつけ完成。レジ袋にフェルトペンで絵を描いてもよいでしょう。

遊び方

広い場所でレジ袋のたこをあげて遊ぶ

関わりのポイント

「たくさん風が入って、たこがふくらんでるね」とたこがあがる様子を言葉で伝えます

子どもが安心して走ることができる広い場所で遊びます。

第5章　行事あそび

リンリン鬼退治

季節	保育者数	準備
冬	一人から	しっかり

用意するもの
- 段ボール箱、鬼のお面、スズ、ビニールテープ、ボールの素材（古い靴下や軍手、チラシなど）

準備しておくこと
- 段ボール箱で鬼の的を作ります。鬼の的に当てる玉を作ります。

5つの領域をCheck!
健康
養護
人間関係
環境
言葉
表現

遊び方

1 段ボール箱とスズで鬼の的を作る。的に当てる玉も用意する

くるくる
くるくる

段ボール箱の側面に鬼の顔をつけ、玉が当たると音が鳴るようにスズをつけます。的に当てる玉は軍手や古靴下、チラシなどを丸めて作ります。なるべく様々な素材を用意するようにしましょう。

関わりのポイント
玉の素材をたくさん用意し、子どもがボールを投げるときに感触や飛び方の違いを楽しめるようにします。

2 鬼の的に玉を投げて、スズを鳴らして遊ぶ

最初は投げる位置を決めずに自分で選べるようにしますが、慣れてきたら床にテープを貼って位置を固定したり、的の高さや大きさを変えた物を用意したりしてもよいでしょう。

あそびが広がるポイント

あそびの前に鬼の絵本を読んだり『おにのパンツ』の手あそびをしたりして、怖いものというイメージを伝えないように工夫しましょう。

みんながおひなさま

季節	保育者数	準備
春	複数で	しっかり

5つの領域を **Check!**

養護／環境／健康／人間関係／言葉／表現

用意するもの
● 色画用紙、輪ゴム、ホッチキス、リボン、丸シールなど

準備しておくこと
● おひなさまやおだいりさまのお面や扇、しゃくを用意しておきます。

作り方

色画用紙でおひなさまの冠やおだいりさまの烏帽子を作ります。扇は色画用紙を蛇腹に折ります。扇やしゃくは子どもが好きな色を選び、リボンで結びます。

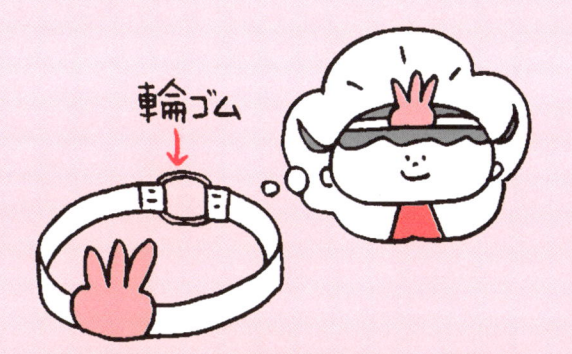

輪ゴム

お面の帯は幅3cm×長さ50cm程度に切ります。お面の帯に、おひなさまの冠・おだいりさまの烏帽子をのりなどで付けます。

遊び方

1 おひなさま、おだいりさまに変身する

製作物は子どもの手の届く所に置き、子どもが遊びたいときに遊べるようにします。

2 保育者と一緒にひなまつりの歌をうたったり、踊ったりする

子どもたちが一緒に踊りだしたら、「○○ちゃんみたいに手を上げてみようか」「手をたたいてみるといいね」と子どもの表現を自由に取り入れましょう。

第6章

わらべうた・手あそび

わらべうた・手あそびは
子どもにとっては保育者とのふれあいあそびです。
繰り返す中で、同じ節、言葉、動作に気付き、
子どもなりに見通しをもって楽しめるようになります。

保育者との楽しい時間のひとつがわらべうた・手あそびです。保育者が子どもと顔を見合わせながら、様子に合わせて歌ってあげましょう。歌が苦手でも大丈夫。その子に聞こえるくらいの声の方が、ゆっくりと遊ぶことができておすすめです。

子どもが楽しそうにする動作や言葉は、満足するまで繰り返してあげましょう。まねっこやふれあいが楽しいと感じられることが、楽しい、好きという気持ちを育んでいきます。

バスごっこ

いろいろな動きを楽しめる手あそびです。

作詞：香山美子
作曲：湯山昭
編曲：植田光子

	1.	おおがたバス	に	のっ	て	ます	きっぷをじゅん	に	わたして	ね
	2.	おおがたバス	に	のっ	て	ます	いろんなとこ	が	みえるの	で
	3.	おおがたバス	に	のっ	て	ます	だんだんみち	が	わるいの	で

おとなりへ	ハイ	おとなりへ	ハイ	おとなりへ	ハイ	おとなりへ	ハイ
よこむいて	アドン	うえむいて	アドン	したむいて	アドン	うしろむいて	アドン
ごっつんこ		ごっつんこ		ごっつんこ		ごっつんこ	

おわりの	ひとは	ポケット	に！
おうしろの	ひとん	ねーむっ	た！
おしくらら	まんじゅ	ギュッギュッ	ギュッ！

遊び方

1 おおがたバス にのってます

両手を軽く握り、ハンドルを動かすしぐさをします。

2 きっぷをじゅん にわたしてね

右手を高く上げ、左右に振ります。

3 おとなりへ ハイ （4回繰り返す）

両手で両膝を3回、となりの人の両膝を1回たたきます。

4 おわりのひとは ポケットに！

ポケットに切符を入れるしぐさをします。

5 おおがたバスに
のってます

2番。1と同じ。

6 いろんなとこが
みえるので

右手左手を交互に額に当てて、
見るしぐさをします。

7 よこむいた　ア〜
うしろむいた　ア

歌詞に合わせて横、上、下、後
ろを向きます。

8 うしろのひとは
ねーむった！

全員で目を閉じ、眠るまねをし
ます。

9 おおがたバスに
のってます

3番。1と同じ。

10 だんだんみちが
わるいので

肩を上下に動かしたり、左右に
揺らしたりします。

11 ごっつんこ　ドン
（4回繰り返す）

隣の子と頭を軽く4回ぶつけ合
います。

12 おしくらまんじゅ
ギュッギュッギュッ！

両肘を3回締めます。

全体のポイント　大人の膝の上で手あそびするのもおすすめ。「ギュッギュ
ッギュッ！」のところで、後ろから抱き締めると子どもが喜びます。

コブタヌキツネコ

いろいろな動物になり切って遊びます。

作詞：山本直純
作曲：山本直純
編曲：植田光子

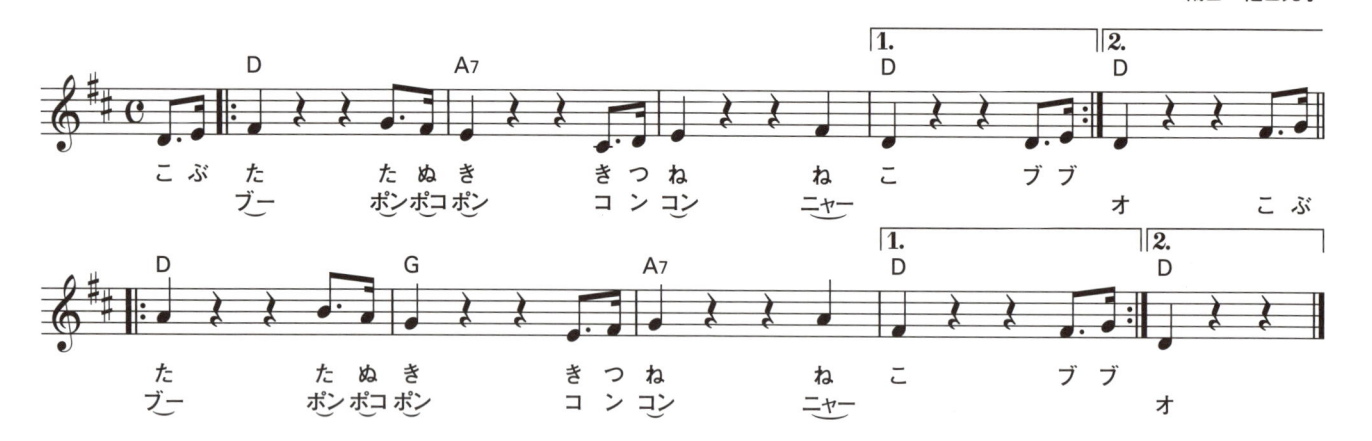

こぶた	たぬき	きつね	ねこ	ブブ	オ	こぶ
ブー	ポンポコポン	コンコン	ニャー			

た	たぬき	きつね	ねこ	ブブ	オ
ブー	ポンポコポン	コンコン	ニャー		

遊び方

1 こぶた

人さし指で鼻を上げ、ブタの鼻をつくります。

2 たぬき

こぶしでお腹をたたきます。

3 きつね

目尻を指でつり上げます。

4 ねこ

顔の横と口元にこぶしを当てます。

5 ブブブー

1と同じ。

6 ポンポコポン

2と同じ。

7 コンコン

3と同じ。

8 ニャーオ

4と同じ。

全体のポイント 子どもでも楽しめる歌詞なので、ゆっくりと歌いながら遊ぶとよいでしょう。子どもと保育者が、お互いの顔が見える位置で行なうと楽しめます。

あたまかたひざポン

子どものリズムに合わせてゆっくりと楽しみます。

作詞：不詳
イギリス民謡
編曲：植田光子

あ た ま か た ひ ざ ポン ひ ざ ポン ひ ざ ポン
あ た ま か た ひ ざ ポン め みみ はな くち

1 あたま

両手で頭を触ります。

2 かた

両手で肩を触ります。

3 ひざ

両手で膝を触ります。

4 ポン

拍手をします。3、4を繰り返した後、1〜4を繰り返します。

5 め

人さし指で目尻を軽く触ります。

6 みみ

両耳を押さえます。

7 はな

両手で鼻を押さえます。

8 くち

両手で口を軽く押さえます。

全体のポイント 「め みみ はな くち」のところは、「手はおひざに」「手は横に、ひこうきブンブン」などアレンジしても盛り上がります。慣れてきたら、少し歌のペースを早くしても楽しいです。

とんとんとんとんひげじいさん

みんな知っている手あそび。アレンジしても楽しめます。

作詞：不詳
作曲：玉山英光
編曲：植田光子

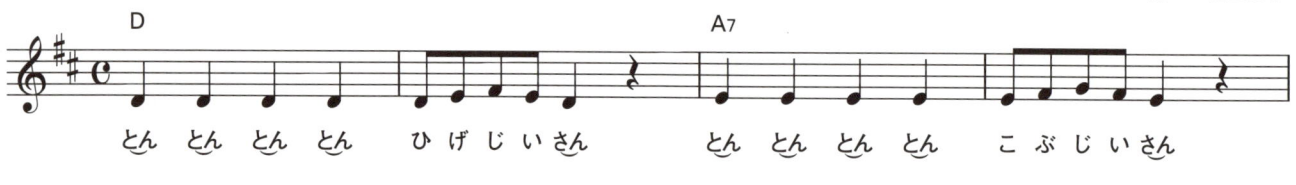

とん とん とん とん　ひげじいさん　　とん とん とん とん　こぶじいさん

とん とん とん とん　てんぐさん　　とん とん とん とん　めがねさん

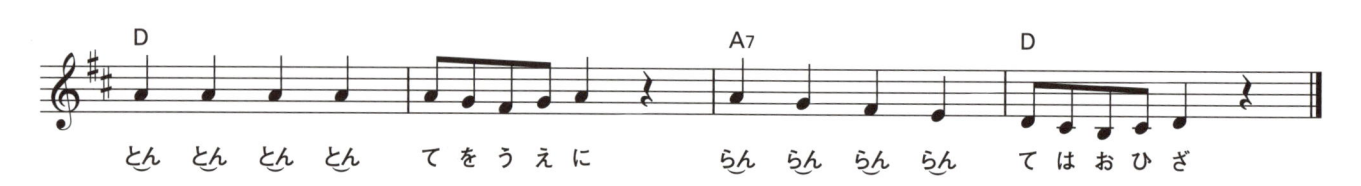

とん とん とん とん　てをうえに　　らん らん らん らん　てはおひざ

遊び方

1 とんとん とんとん

両手をグーにして、上下交互に
たたきます。

2 ひげじい

右手をグーにして、あごの下に
つけます。

3 さん

左手もグーにして右手のグーに
つけます。

4 とんとん とんとん

1と同じ。

5 こぶじい

右手をグーにして右頬につけます。

6 さん

左手をグーにして左頬につけます。

7 とんとん とんとん

1と同じ。

8 てんぐ

右手をグーにして鼻につけます。

9 さん

右手のグーに左手のグーをつけます。

10 とんとん とんとん

1と同じ。

11 めがね

右手の人さし指と親指で輪をつくり、右目に当てます。

12 さん

左手の人さし指と親指で輪をつくり、左目に当てます。

13 とんとん とんとん

1と同じ。

14 てを うえに

両手を上にあげます。

15 らんらん らんらん

手のひらを小刻みに振りながら、腕をおろします。

16 ては おひざ

手のひらを膝に置きます。

全体のポイント 「とんとんとんとん　ひげじいさん」のところで、ひげのグーを落としながら「ボトッ」と効果音をつけてみても楽しいです。

おちたおちた

何が落ちてくるか、子どもにも聞きながらアレンジすると
楽しい手あそびです。

わらべうた
編曲：植田光子

1. お	ち	た	お	ち	た	な	に	が	お	ち	た	りーんーごーが	お	ち	た	アッ！
2. お	ち	た	お	ち	た	なな	に	が	お	ち	た	てーんーじょうが	お	ち	た	アッ！
3. お	ち	た	お	ち	た	な	に	が	お	ち	た	かみ なりさまが	お	ち	た	アッ！

遊び方

1
（保育者）おちたおちた
（子ども）なにがおちた
（保育者）りんごがおちた

掛け合いで歌います。

3
（保育者）おちたおちた
（子ども）なにがおちた
（保育者）てんじょうが
　　　　　おちた

掛け合いで歌います。

5
（保育者）おちたおちた
（子ども）なにがおちた
（保育者）かみなりさま
　　　　　がおちた

掛け合いで歌います。

2 アッ！

すばやく両手を出し、リンゴを受け止めるし
ぐさをします。

4 アッ！

すばやく両手をあげ、天井を支えるしぐさを
します。

6 アッ！

パッと両手でおへそを押さえます。

全体のポイント 最初のうちは、「アッ！」のところを保育士も一緒に動作を
行なうと、子どもたちもまねしやすいです。

1ぽんと1ぽんで

いろいろなものに変身して楽しみましょう。

作詞：不詳
外国曲
編曲：植田光子

1　ぽんと　1　ぽんで　おやまになって　　2　ほんと　2　ほんで　かにさんになって

3　ぽんと　3　ぽんで　おひげになって　　4　ほんと　4　ほんで　くらげになって

5　ほんと　5　ほんで　おばけになって　　おそらにとんでった　ヒュ〜

遊び方

1 1ぽんと
1ぽんで

右と左、1本ずつ指を前に出します。

2 おやまに
なって

指先をくっつけ、三角の山をつくります。

3 2ほんと2ほんで
かにさんになって

右と左、2本ずつ指を前に出し、チョキチョキ動かします。

4 3ぽんと3ぽんで
おひげになって

右と左、3本ずつ指を前に出し、口の横につけます。

5 4ほんと4ほんで
くらげになって

右と左、4本ずつ指を前に出し、胸の前あたりで指を下に向け、動かします。

6 5ほんと5ほんで
おばけになって

右と左、5本ずつ指を前に出し、ゆらゆらと左右に揺らします。

7 おそらにとん
でった ヒュ〜

両手を斜め上にあげ、「ヒュ〜」でおばけが飛んで行くしぐさをします。

全体のポイント

手指の動きが複雑な歌あそびです。子どもなりに手指を動かす楽しさを味わえるようにしましょう。

コロコロたまご

子どもと一緒に繰り返しを楽しむ手あそびです。

作詞・作曲：不詳
編曲：植田光子

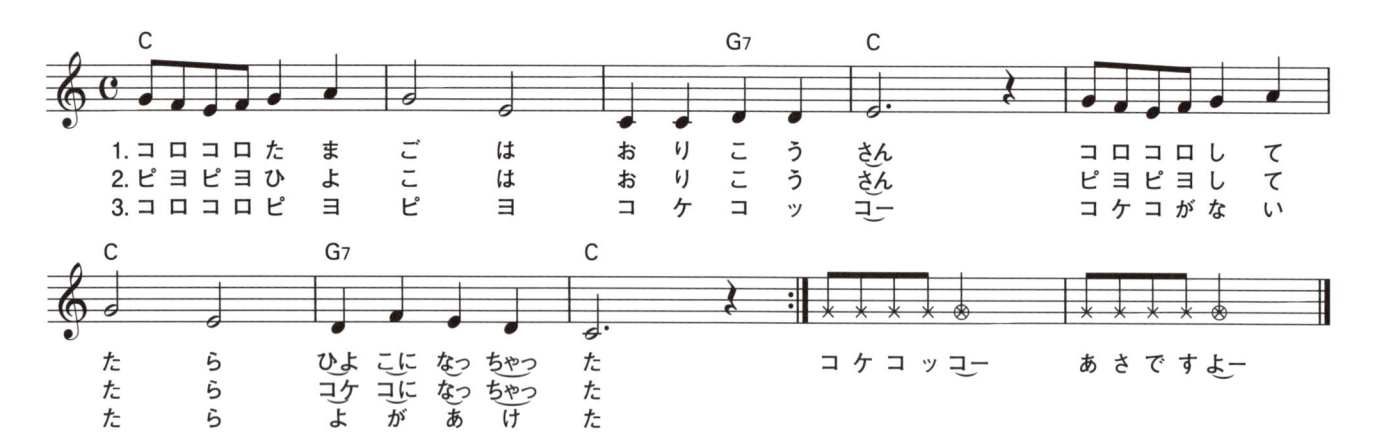

遊び方

1 コロコロたまごは

両手でかいぐりをします。

2 おりこうさん

右手で、グーにした左手をなでます。

3 コロコロしてたら

1と同じ。

全体のポイント 優しくゆったり歌うと、子どもたちもまねしやすいです。保育者の声色を聞いて、子どもは安心します。

4 ひよこに なっちゃった

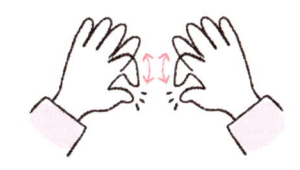

人さし指と親指を4回つけます。

5 ピヨピヨひよこは

1と同じ。

6 おりこうさん

左手で右手の甲をなでます。

7 ピヨピヨしてたら

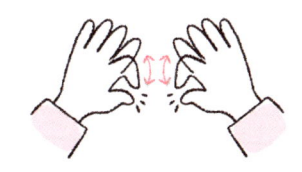

4と同じ。

8 コケコに なっちゃった

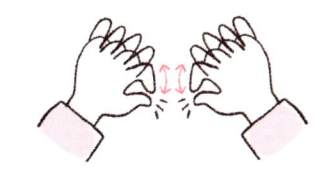

親指と他の4本の指を4回つけます。

9 コロコロ

1と同じ。

10 ピヨピヨ

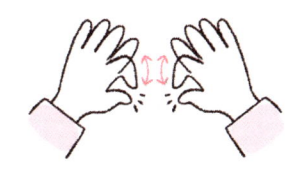

4と同じ。

11 コケコッコー コケコがないたら

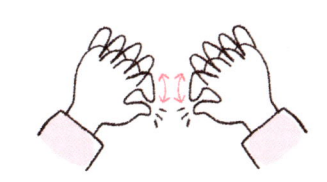

8と同じ。

12 よがあけた コケコッコー あさですよー

手をひらひらさせながら大きく回し、「コケコッコーあさですよー」は元気よく言います。

木登りコアラ

コアラになり切って楽しむ手あそびです。

作詞：多志賀　明
作曲：多志賀　明
編曲：植田光子

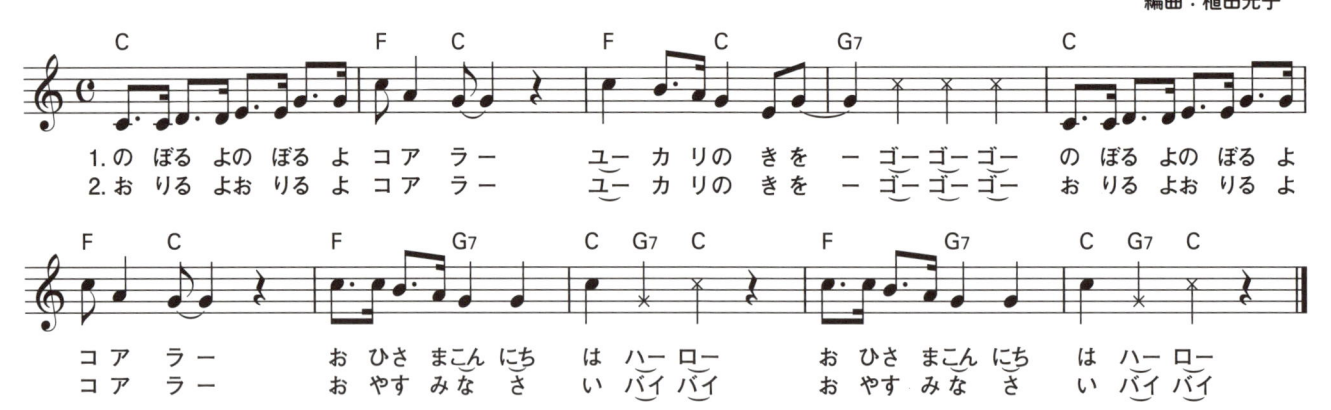

1. の ぼる よ のぼる よ コア ラー　ユー カ リの きを ー ゴー ゴー ゴー　の ぼる よ のぼる よ
2. お りる よ おりる よ コア ラー　ユー カ リの きを ー ゴー ゴー ゴー　お りる よ おりる よ

コア ラー　お ひさ まこん にち は ハー ロー　お ひさ まこん にち は ハー ロー
コア ラー　お やす みな さ い バイ バイ　お やす みな さ い バイ バイ

遊び方

1 のぼるよのぼるよ　コアラ
ユーカリのきを

両手を交互に入れ替えながら、頭の上まで
あげていきます。

2 ゴーゴーゴー

掛け声に合わせて腕を3回つきあげます。

3 のぼるよのぼるよ
コアラ

1と同じ。

全体のポイント　しゃがんだところから始め、「おひさま　こんにちは」のと
きには背伸びのように高く伸び上がり、最後はまた小さくしゃがむなど、全身を使っ
て遊ぶと盛り上がります。

4 おひさま こんにちは

両手をあげて、お辞儀をします。

5 ハーロー

片手をあげて、挨拶をします。

6 おひさま こんにちは

4と同じ。

7 ハーロー

5と同じ。

8 おりるよおりるよ コアラ ユーカリのきを

両手を交互に入れ替えながら、上から下へ
おろしていきます。

9 ゴーゴーゴー

2と同じ。

10 おりるよおりるよ コアラ

8と同じ。

11 おやすみなさい バイバイ

首をかしげ、眠るしぐさをします。
繰り返します。

おべんとうばこのうた

どんなお弁当が好きか、子どもに聞いてみても楽しいです。

わらべうた

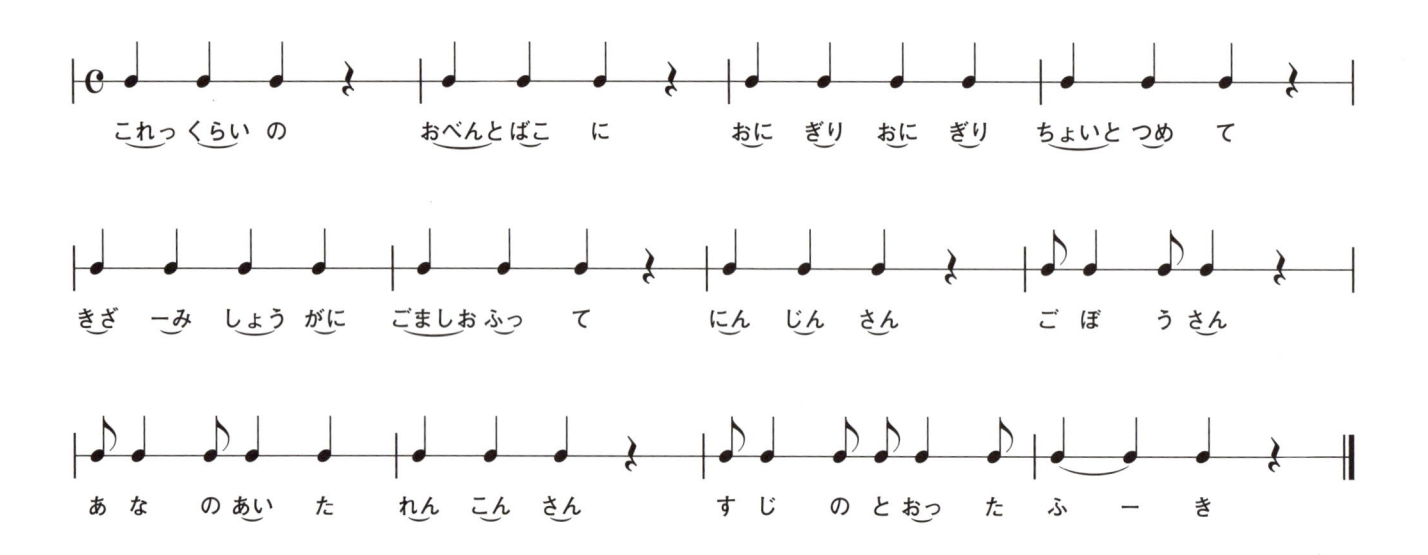

これっくらい の　おべんとばこ に　おに ぎり おに ぎり　ちょいと つめ て

きざ ーみ しょう がに　ごましおふっ て　にん じん さん　ごぼ う さん

あな のあいた　れん こん さん　すじ のとおった ふ ー き

遊び方

1　これっくらいの おべんとばこに

両手の人さし指でお弁当箱の形を2回描きます。

2　おにぎり おにぎり

おにぎりを握るしぐさをします。

3　ちょいと　つめて

おにぎりをお弁当箱に詰めるしぐさをします。

全体のポイント 始める前に、「ゾウさんのお弁当を作ろうか」と伝えて、大きいお弁当を作るように声や動作を大きくすると楽しいです。反対に「アリさんのお弁当」のときは、小さな声と動作で遊びます。

4 きざーみ しょうがに

左手をまな板に、右手を包丁に見立て、切るしぐさをします。

5 ごましおふって

両手でごま塩を振り掛けるしぐさをします。

6 にんじん さん

両手の人さし指と中指を立てて、次に薬指も立てます。

7 ごぼう さん

両手を開いて「5」を出し、次に6と同様「3」を出します。

8 あなのあいた

両手の人さし指と親指で丸をつくり、目に当てます。

9 れんこん さん

8を胸の前までおろし、6と同様「3」を出します。

10 すじの とおった

左手で右手首から肩までなで、口のあたりまで持っていきます。

11 ふーき

左手を口に当てて「ふーっ」と吹きます。

カレーライスのうた

みんな大好きなカレーライス。子どもに、どんなカレーが好きか聞いておくと、より楽しめます。

作詞：ともろぎゆきお
作曲：峯 陽
編曲：植田光子

1.に んじん　たまねぎ　じゃがいも　ぶたにく　おこそ
2.おしお　カレールー　いがれたらみずも　ぶあじみてク　おこそ
3.ムシャムシャ　モグモグ　おみず　ゴクゴク　おこそ

なべでしょう　いちたれめてから　ぐつぐついでにあきりわい　まがてきた　しょうり　（どーぞ）
しょうたら　いちたれめてから　ぐつぐついでにあきりわい　まがてきた　しょうり　（ポーズ）

遊び方

1　にんじん

両手でVサインをします。

2　たまねぎ

両手を合わせて膨らませ、タマネギの形を作ります。

3　じゃがいも

両手をグーにして、軽く頭をたたきます。

4　ぶたにく

人さし指で鼻を上にあげます。

5　おなべで いためて

左手で鍋を持ち、右手で炒めるしぐさをします。

6　ぐつぐつ にましょう

両手を交互に開いたり閉じたりします。

7 おしお

両手で塩を振り掛けるしぐさをします。

8 カレールー

カレールーの板を折るしぐさをします。

9 いれたら　あじみて

右手の人さし指でなめるしぐさをします。

10 こしょうを　いれたら

こしょうのびんを振るしぐさをします。

11 はいできあがり

両手を前に出し、料理を出すしぐさをします。

12 どーぞ

右の人さし指で鼻を押します。

13 ムシャムシャ　モグモグ

左手をお皿、右手をスプーンにして食べる
しぐさをします。

14 おみずも　ゴクゴク

右手でコップを持って、水を飲むしぐさをし
ます。

15 そしたら　ちからが　もりもりわいてきた

ガッツポーズで、左右の腕を交互に上下に
動かします。

全体のポイント たくさんの食材が歌詞に出てきます。歌あそびとしても楽
しいですが、ままごとあそびをしているときにも楽しむことができます。

第7章

あそびの資料

絵本もはじめは玩具のひとつ。

保育者と一緒に楽しむ中で、

他の玩具とは違った楽しさがあるものと認識していきます。

絵本や玩具と丁寧に出会わせたいものです。

絵本

「○○ちゃんの！」「イヤ」「ジブンデ」など、この時期の子どもは自我が拡大する中で、楽しい気持ちだけではない、いろいろな気持ちを味わいながら生活をしています。楽しい気持ちに導かれる絵本もあれば、「イヤだ」という気持ちに共感してもらえるような絵本も揃えてあげたいものです。保育者は子どもの繊細な気持ちに心を寄せて、絵本を用意したり、入れ替えていきましょう。

玩具

子どもは自由な発想で遊ぶので、保育者のイメージとは違ったあそびになることもよくあります。子どもや周りにいる子どもに危険があるときには理由を伝えて止めるとして、そうでないときには、「どんなことに楽しさを見いだしているのかな」と楽しむ気持ちをもって関わるようにしましょう。

生活の絵本

● はけたよはけたよ

文：かんざわ としこ　絵：にしまき かやこ
出版社：偕成社

一人でパンツがはけないタッくん
は、おしりを出したまま外へ出ま
す。すると、動物たちにしっぽがな
いことを笑われてしまいます。パン
ツをはこうと頑張っていると、思
わぬ形ではけるようになります。

ここが
おすすめ
　一人でやってみたいけれども、なかなか思うようにできない
ことも多いもの。タッくんと動物たちのやり取りを楽しみましょう。

● おしっこしょうぼうたい

作絵：こみ まさやす　原案：中村美佐子
出版社：ひかりのくに

トイレに行きたくないけんちゃん
を、先生がごっこあそびでトイレに
誘います。かっこいい消防車を作
って仲良しの友達と遊んでいると
…。楽しい結末が待っています。

ここが
おすすめ
　トイレを嫌がったり怖がったり、トイレトレーニングが進ま
ないときにおすすめです。

● おふろだいすき

作：たけい しろう　絵：毛利洋子
出版社：くもん出版

パパと一緒にお風呂に入ると、体
や頭を洗うことも、お風呂の中の水
でっぽうも、着替えも、ワクワク楽
しくなります。

ここが
おすすめ
　パパが登場する絵本は少ないので、パパの話をするときに
おすすめです。

● ごはん　たべよ

文：大阪YMCA千里子ども図書館　絵：大塚いちお
出版社：福音館書店

いつも食べている物のリアルでか
わいい絵と、リズミカルな言葉が、
子どもたちに大人気です。

ここが
おすすめ
　身近にあるごはんのリアルなイラストが、しぜんと食事へと
誘います。

保育の中でも起きることにふれた絵本です。興味につなげていきましょう。

● もじゃもじゃ

作絵：せな けいこ
出版社：福音館書店

庭の木、犬のころ、ほどけた毛糸、それにルルちゃんの頭。たくさん出てくる、大好きなもじゃもじゃなもの…。繰り返しが楽しくて、つい何回でも読みたくなります。

> **ここがおすすめ** 実際に枯れ葉をちぎりながら音の響きを楽しむと、秋の外あそびが楽しくなります。

● ルルちゃんのくつした

作絵：せな けいこ
出版社：福音館書店

ルルちゃんの靴下は、脱ぎ捨てたままにしておいたので、なくなってしまいました。大切なものがなくなってしまったら…。子どもにとっては、まるで自分のことのようにドキドキしながら楽しめます。

> **ここがおすすめ** 靴下がどこにあるのか、終わりに期待がもてるように時間をかけてゆっくり読むと楽しめます。

● おふろだ、おふろだ！

文：わたなべ しげお　絵：おおとも やすお
出版社：福音館書店

くまくんの親子が一緒にお風呂に入って、楽しく過ごします。

> **ここがおすすめ** お風呂が好きな子は、より一層お風呂が大好きになる一冊です。

● パンツのはきかた

作：岸田今日子　絵：佐野洋子
出版社：福音館書店

一人でパンツをはけるようになることは、子どもにとってもうれしいことのひとつです。こぶたの一生懸命な表情や頑張っているポーズを見て、やる気を誘う絵本です。

> **ここがおすすめ** 最後に楽譜があるので、絵本を読んだ後に、子どもたちと一緒に歌うこともできます。

第7章 あそびの資料

● こぐまちゃんおはよう

作：わかやま けん
出版社：こぐま社

> **ここが おすすめ**
> 何でも一人で頑張るこぐまちゃんの姿をみると、憧れや自立心の生まれにつながります。

顔を洗う、ごはんを食べる、遊ぶ、トイレ、お風呂などの日常が描かれている絵本です。何でも一人で頑張るこぐまちゃんの姿がかわいいです。

絵本からあそびへ
子どもたちが食事をするスペースに食事の場面を開いて飾っておくと、「こぐまちゃんといっしょ」と感じられると思います。

● サンドイッチいただきます

作：岡村志満子
出版社：ポプラ社

ページをめくっていくと、最後には大きなサンドイッチができあがります。本当にサンドイッチを食べたくなるような絵本です。

> **ここが おすすめ**
> ままごとあそびへの発展が期待できます。

● ノンタン　おねしょでしょん

作：キヨノサチコ
出版社：偕成社

ノンタンや動物たちの様々なおねしょの形がかわいく表現されています。「おねしょでしょん」など語尾に「しょん」という言葉が繰り返し出てくる、リズムが楽しい絵本です。

> **ここが おすすめ**
> おむつはずれのために読むということではなく、「おしっこ」が身近に感じられる時期に、明るい気持ちで読みたい絵本です。

● おやすみやさい

作：わたなべ あや
出版社：ひかりのくに

いろいろな野菜の兄弟が、一緒に穏やかな眠りにつきます。

> **ここが おすすめ**
> 寝かしつけに困っているときには、怒るのではなく、穏やかに優しく、この本の野菜さんたちを思い出させて誘うとよいでしょう。

●ありがとまと

作：わたなべ あや
出版社：ひかりのくに

トマトマンが困っている野菜たちを助けに来てくれるお話です。「ありがとう」「どういたしまして」がしぜんと出てきそうです。

 **ここがおすすめ** ありがとうの気持ちを教えるのにピッタリの絵本です。

●おべんとうバス

作・絵：真珠まりこ
出版社：ひさかたチャイルド

お弁当の定番のおかずが次々とバスに乗りこみます。「はーい」と返事をする食べ物たちがほほえましい絵本です。

ここがおすすめ 食べ物たちと一緒にお返事をすることで、次も見たいという気持ちを高めることができます。

●やさいのおなか

作・絵：きうち かつ
出版社：福音館書店

タマネギ、レンコン、ピーマン…。野菜の断面が影絵のように白黒で出てきて、次のページで答えが分かります。

ここがおすすめ 苦手な野菜も身近に感じることができ、「食べてみようかな」という気持ちを育てます。

●おでかけのまえに

作：筒井頼子　絵：林 明子
出版社：福音館書店

楽しいお出掛けの前にはりきりすぎた女の子。びっくりするような光景が次から次へと繰り広げられます。女の子の気持ちを感じることのできる一冊です。

ここがおすすめ 自分で何でもやりたい、けれどうまくいかない。そんな気持ちを代弁してくれる子の絵本を読むと、子どもも大人も心が優しくなれます。

おいしい食べ物の絵本

● おべんとう

作：小西英子
出版社：福音館書店

お弁当箱に何を詰めようかな…。色鮮やかでシンプルな絵が、子どもたちをひきつけます。

ここがおすすめ　少しずつお弁当がいっぱいになる期待感にあふれ、ままごとにつなげられます。

● しろくまちゃんのほっとけーき

作：わかやま けん
出版社：こぐま社

しろくまちゃんがホットケーキを作ります。作るときの音がおいしそうで、出来上がったらこぐまちゃんを呼んで食べる場面がかわいいです。

ここがおすすめ　こぐまちゃんと「おいしいね」と気持ちを共有する場面から、ままごとで友達との関わりを発展させることにつながります。

● おかしなおかし

文：石津ちひろ　絵：山村浩二
出版社：福音館書店

「ぷるぷるプリンがとらんぽりん」「サッカーのクッキーきせきのキック」など、子どもたちの大好きなおかしが、楽しく体を動かす言葉あそびの本です。

ここがおすすめ　覚えてしまうくらいユーモラスな言葉。体を動かすときに、ついつい口から出てきます。

● おやおや、おやさい

文：石津ちひろ　絵：山村浩二
出版社：福音館書店

見たことがある野菜も、見たことのない野菜も、みんなでマラソンを楽しみます。ダジャレのように韻を踏んだ言葉が楽しい絵本です。

ここがおすすめ　見たことのある野菜が頑張る姿を見て、野菜に興味をもち始めます。

子どもたちの大好きな食べ物がたくさん。日々の生活と結び付けて楽しめるといいですね。

● くだものだもの

文：石津ちひろ　絵：山村浩二
出版社：福音館書店

身近な果物から少し珍しい果物まで、たくさんの果物が登場します。夏の海で果物たちが行なう楽しい動きを、テンポよくリズミカルな言葉にしている絵本です。

絵本からあそびへ
絵本として楽しむようになったら、絵本に出てくる果物をままごとの素材にしても楽しいでしょう。

ここが おすすめ　繰り返し読むことで、かわいい果物たちの名前を憶えていくことができます。

● おべんとう

作・絵：さとう めぐみ
出版社：ひかりのくに

最初から読むと、楽しそうにお弁当を作るママ。最後から読むと、うれしそうにお弁当を食べる子ども。作る人と食べる人、両方の気持ちが伝わってくる絵本です。

ここが おすすめ　前後両方から読み進められるので、読み方を少し変えるだけで、興味が広がり2回ワクワクさせられます。

● カレーライス

作：小西英子
出版社：福音館書店

子どもたちの好きなカレーライスが、テンポよい擬音とともに出来上がる、リアルな絵本です。

ここが おすすめ　大好きなカレーライスの具材にも、興味がわいてきます。

● サンドイッチサンドイッチ

作：小西英子
出版社：福音館書店

パンにバターを塗って、しゃきしゃきレタスに真っ赤なトマト、大きなチーズをのせて…サンドイッチを作る過程が表現されていて、早く次のページをめくりたくなる絵本です。

ここが おすすめ　文章が簡単でリズミカルなので、子どもたちは内容を覚えて、自ら進んで絵本を見ようとします。

あそびの絵本

● せんろはつづく

文：竹下文子　絵：鈴木まもる
出版社：金の星社

ここがおすすめ
子どもたちの「もっともっと」という気持ちに寄りそうような絵本です。山があればトンネルを掘り、川があれば橋を掛け…。子どもたちの「もっと」は続きます。

子どもたちが線路をつなげていくと、山や川があって、そのたびに「どうする？」と考える内容です。お母さんが赤ちゃんを連れて登場するので、子どもたちも安心して見ることができます。

絵本からあそびへ
ブロックや積み木で作り上げていく楽しさを伝えることができます。

● でんしゃにのって

作：とよた かずひこ
出版社：アリス館

うららちゃんが一人で電車に乗って出掛けます。次々に動物が乗ってきて、車内の楽しい様子が温かな絵で伝わる絵本です。

ここがおすすめ
「次は何が来るかな？」という期待をもたせるような読み方をすると、繰り返しの好きな子どもの心を満足させます。

● ぴょーん

作：まつおか たつひで
出版社：ポプラ社

ページをめくるたびに、生き物が手足を広げて、ダイナミックに飛び上がります。

ここがおすすめ
様々な生き物がどのように飛ぶか、想像力を引き出し、次に飛ぶ生き物も見てみたいという意欲も引き出せます。

● くらいくらい

文：はせがわ せつこ　絵：やぎゅう げんいちろう
出版社：福音館書店

「まっくらくらくら　くらーいくらい」という暗い場面から始まります。ページをめくると電気をつけたように明るくなります。いろいろなスイッチも楽しい絵本です。

ここがおすすめ
身近なことが、リズミカルな言葉とユーモラスな絵で表現され、ドキドキワクワクする絵本です。

ユーモアあふれる絵本たち。ダイナミックな驚きや、穏やかな気持ちを子どもたちと共感しましょう。

● じどうしゃ

画：寺島竜一
出版社：福音館書店

様々な車が登場します。車の絵だけで文字もなく、並び方もおもしろい絵本です。

ここがおすすめ
　文字がない絵本なので、子どもが車の絵を指さしたり、目線の先にある車について、子どもに問い掛けたり、いろいろな楽しみ方ができる絵本です。

● もけら　もけら

文：山下洋輔　絵：元永定正　構成：中辻悦子
出版社：福音館書店

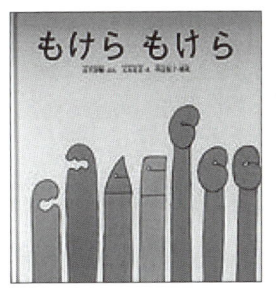

もけらもけら、でけでけ、てぺぱてぱたぴてなど、不思議な擬音と、不思議な絵が、おもしろさを引き出します。

ここがおすすめ
　声の高低、大小を変えて読むことで、子どもたちの反応が変わり、「自分でも読んでみたい」という気持ちにさせます。

● うめぼしくんのおうち

作・絵：モカ子
出版社：ひかりのくに

おにぎりのおうちに住んでいるうめぼしくん。たくさんのお友達が来て、おうちがぎゅうぎゅうになってしまいます。でも大丈夫。最後は温かい気持ちになれます。

絵本からあそびへ
子どもと保育者や子ども同士で「ぎゅうぎゅう」とくっつきあそびをしてみましょう。

ここがおすすめ
　自分の物、自分の場所という気持ちが高まる時期です。うめぼしくんの「おうち」がどうなってしまうのか、子どもたちはハラハラドキドキです。

● うしろにいるのだあれ

作：accototo（ふくだとしお＋あきこ）小西英子
出版社：幻冬舎

いぬ、かめ、ねこ、ぞうなど、子どもたちに人気の動物が出てきて、穏やかな気持ちにさせてくれます。

ここがおすすめ
　絵本に登場する「うえ」「した」「まえ」「うしろ」という言葉が楽しいようで、子どもも一緒に声を出しながら楽しめる絵本です。

写真の絵本

● くるぞくるぞ　しんかんせん

作：おがの みのる
出版社：ひかりのくに

ここがおすすめ 迫力ある写真をながめたり、絵本を動かして臨場感を楽しむことができます。

大好きな乗り物が走ってくるときのドキドキを味わうことができる絵本です。

絵本からあそびへ
子どもが入れるほどの段ボール箱にひもを取り付けて、新幹線になり切って遊ぶことができるように用意するとあそびが広がります。

● はやくきてよ　しょうぼうしゃ

作：おがの みのる
出版社：ひかりのくに

消防車やダンプトラックなど働く車が写真で楽しめ、特長もよく分かる一冊です。

ここがおすすめ いろいろな乗り物の写真が載っているので、子どもたちは「知っている」「見たことがある」など経験と結びつけて楽しむことができます。

● しあわせをよぶドクターイエローと　たっぷりしんかんせんずかん

写真：山中則江　出版社：ひかりのくに

新幹線が大好きな子どもは、開くだけで幸せな気持ちになれる、たっぷりの写真が楽しめる絵本です。

ここがおすすめ 様々な新幹線を一度にたくさん見られることで、興味が深まります。

● たっぷりしゃしんずかん　はたらくくるま

写真：山中則江　出版社：ひかりのくに

子どもたちが大好きな「はたらくくるま」のそれぞれの特徴が、分かりやすく感じられる本です。

ここがおすすめ お散歩に持って行き、近くの工事現場で見比べたり、帰園後も体験を表現したりするときに役立ちます。

リアルな様子が伝わる絵本です。「これ、見たことある！」など、子どもとのやり取りも楽しめるといいですね。

🔴 たっぷりでんしゃずかん

写真：山中則江
出版社：ひかりのくに

電車好きの子どもにぴったりな、様々な種類の電車が大集合です。

ここが
おすすめ　一冊の本で、子どもたちの楽しかった電車の経験談を聞き出すことができます。

🔴 どうぶつだいすき！

写真：アマナイメージズ他　デザイン：LaZOO
出版社：ひかりのくに

子どもが喜ぶ動物が、それぞれの特徴や鳴き声入りで紹介されています。

ここが
おすすめ　ことばがけや、鳴き声などの擬音などが付いて、認識力や発語力をつけるきっかけにもおすすめの絵本です。

🔴 はたらくのりものしゃしんずかん

作：小賀野 実・かいちとおる
出版社：ひかりのくに

子どもたちがよく目にする、身近な働く車が写真で登場。姿、形、色などを楽しめます。

ここが
おすすめ　パトカーや消防車など目にしたことがある乗り物の写真も多いため、楽しむことができます。

🔴 たっぷりしゃしんずかん

作：内山晟・小賀野 実
出版社：ひかりのくに

動物、昆虫、乗り物、食べ物、果物、野菜…。写真でたっぷり楽しめる絵本です。

ここが
おすすめ　指さしができるよう、「これは何かな？」と言葉を掛けながら読むとよいでしょう。

おはなしが楽しい絵本

● ねずみくんのチョッキ

作：なかえ よしを　絵：上野紀子
出版社：ポプラ社

ここがおすすめ
シンプルな繰り返しの語り口にすることで、ねずみくんの気持ちを想像することができます。

大好きなおかあさんが編んでくれた赤いチョッキ。そこへ動物たちがやってきて、「ちょっときせてよ」と次々にチョッキを着ていきます。ユーモアが優れ、ついつい笑ってしまう絵本です。

絵本からあそびへ
お友達とのトラブルになったとき、相手の気持ちを想像するときに、この絵本のことを思い出してみましょう。

● 三びきのやぎのがらがらどん

絵：マーシャ・ブラウン　訳：瀬田貞二
出版社：福音館書店

山の草を食べて太ろうとする三匹のヤギと、谷川で待ち受けるトロル（おに）との対決の物語。途中はドキドキワクワク、最後にほっとする昔話です。

ここがおすすめ
トロルの声音をクローズアップさせることで、子どもたちのワクワク感が最後まで継続します。

● うずらちゃんのかくれんぼ

作：きもと ももこ
出版社：福音館書店

うずらちゃんとひよこちゃんがかくれんぼを始めました。絵の色がきれいで、リズムよく進む絵本です。

絵本からあそびへ
子どもと「もういいかい」「まぁだだよ」のやり取りをしながら、かくれんぼあそびを楽しみましょう。

ここがおすすめ
二人で行なう言葉のやり取りや、繰り返し遊ぶ楽しさを伝えるのに最適です。

● おおきなかぶ

再話：A・トルストイ　訳：内田莉莎子　画：佐藤忠良
出版社：福音館書店

おじいさんがかぶを植えるところから始まる、繰り返しを楽しむ絵本です。結果が分かっていても、繰り返すワクワク感を味わいます。

ここがおすすめ
みんなで力を合わせてかぶを抜く場面では、一緒に見ている友達と気持ちを共有できます。

展開や繰り返しを楽しむ絵本です。ドキドキワクワクが伝わるように読んでみましょう。

● うずらちゃんのたからもの

作：きもと ももこ
出版社：福音館書店

お母さんの誕生日にプレゼントをしたいうずらちゃんは、ひよこちゃんと一緒にきらきらする宝物を探しに出掛けます。

ここがおすすめ 友達の大切さと、「お母さんが大好き」という気持ちを再確認できます。

● ぞうくんのさんぽ

作・絵：なかの ひろたか
出版社：福音館書店

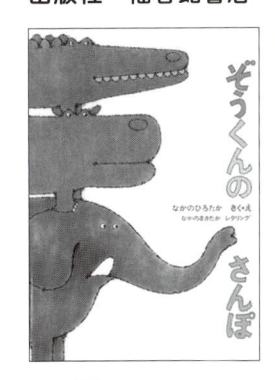

散歩に出掛けたぞうくん。仲良しの動物がどんどん背中に乗ってくると…。重さに耐えられなくて、みんなで池に落ちてしまいます。

ここがおすすめ 友達と一緒なら、散歩も楽しいし、失敗も楽しい。読んだ後に散歩に誘いやすくなります。

● はらぺこあおむし

作：エリック・カール　訳：もり ひさし
出版社：偕成社

おなかが空いたあおむしが、いろいろなものを次々と食べ続けます。鮮やかなコラージュが美しく、穴に指を入れたり引っ張ったりして遊べる絵本です。

ここがおすすめ 読んでもらって次のページを楽しみにするだけでなく、自分でページをめくる楽しさを味わえます。

● 3びきのこぶた

文絵：いもと ようこ
出版社：金の星社

3びきのこぶたが家を建てました。そこへおおかみがやってきて、わらの家と木の家を吹き飛ばしてしまいます。こぶたたちはどうなるのでしょうか。

ここがおすすめ 繰り返しの中に、ワクワクドキドキがあり、最後はホッとでき、子どもの気持ちを揺さぶります。

どの園にもおきたい玩具・遊具

● 井型ブロック

組み合わせて遊ぶ玩具です。

遊び方 ブロックを組み合わせておくと、手に取ってバラバラにしたり、組み合わせたりして遊ぶことができます。同じ色を集めたり、お出掛けごっこのときにカバンに入れるなど、ブロック以外の遊び方をする子どももいます。

凸凹を組み合わせて遊ぶ玩具です。それほど力を入れなくても組み合わせたり、外したりできるブロックを用意するとよいでしょう。遊ぶときに使う量を、一人分ずつ入れ物に入れておくと散らかりにくくなります。

● お世話あそびの人形

抱っこしたり、寝かせたりして遊ぶ人形です。

遊び方 抱っこしたり、寝かせたり、子ども自身が日頃経験していることを人形にするようにして遊びます。子どもが楽しんでいることを捉えながら、あそびが展開するような素材を近くに置いたり、声を掛けるとよいでしょう。

抱っこやおんぶをして遊ぶ時期は、柔らかい素材の人形の方がよく、着替えをして遊びたい時期は多少硬さがある素材の方が扱いやすいと思います。遊び方によって人形の大きさや素材を変えていくとよいでしょう。

玩具のイラストはイメージです。玩具の性質、その玩具で得られる楽しさや気付きに目を向けて環境を整えましょう。

● ままごとの素材

子どもが手に取ったり、器にのせたりして遊ぶ素材です。

遊び方 食べ物を口に運んで食べるまねをするなど、いろいろな遊び方ができます。持ち歩くこともあそびと捉えて、袋を用意しておくと、買い物ごっこや散歩も楽しむことができます。

子どもが食べたり、絵本によく登場したりする食べ物で、子どもが扱いやすく、口に運んでも危険のない大きさの玩具を用意すると安心です。食べ物と一緒に、器や食具、調理器具を置くとあそびの楽しさが広がります。

● 人形用バギー

人形やぬいぐるみを乗せて遊ぶ玩具です。

遊び方 人形やぬいぐるみを乗せたり、押して移動しながら遊びます。人形やぬいぐるみを一緒に置いておくとあそびが広がります。市販でなくても、箱にクッションを入れると同じようなあそびを楽しむことができます。

自分が経験したことを再現して遊ぶこと、お世話をして遊ぶことが楽しい時期です。ごっこあそびの玩具は、再現あそび、お世話あそびのどちらも経験できます。可能なら、複数用意してあげたい玩具です。

第7章 あそびの資料

どの園にもおきたい 玩具・遊具

● 乗って遊ぶ玩具

押したり、乗って移動を楽しむ玩具です。

遊び方 広い場所で押したり、乗って自分の行きたい方向に移動して遊びます。歩行とは違った目線の高さ、速さなどが楽しめます。子どもは、自分なりに遊ぶ中で、曲がったり、止まったりいろいろな遊び方に気付いていきます。

コンパクトな園庭や園内では、コースを作ったり、ゆるやかなスロープを設定すると、平面よりも速さが落ち着きます。いろいろな楽しさが味わえるように、環境を工夫しましょう。

● レールの玩具

レールをつないで電車を走らせて遊ぶ玩具です。

遊び方 たくさん電車をつなげたり、レールをつなげて電車を走らせることに楽しさを感じたり、一人ひとりの遊び方が違います。それぞれのあそびができるように環境を整えてあげたい玩具です。

すぐに電車を走らせて遊びたい子どもには、レールをつなげておいたり、自分で線路を作りたい子どもには、広い場所にレールを置いたり、遊びだしやすい環境の工夫をするとよいでしょう。

🔴 紙のパズル

絵柄を完成させるあそびです。

遊び方 絵柄で好きなパズルを選び、ピースをバラバラにして、元の絵柄になるように組み合わせていくあそびです。子どもの手が止まったときには、保育者がやってあげるよりも、子ども自身が気付けるような援助をしましょう。

少ないピースで完成する楽しさが味わえるパズルと、小さいピースを組み合わせて絵柄が完成するまでの過程を楽しめる物のどちらも用意しておくとよいでしょう。

🔴 木のパズル

いろいろな形を枠にはめて遊びます。

遊び方 いろいろな形に切り取られた木のピースを、枠にはめて遊びます。枠の底に絵柄や色が描かれているパズルは、初めての子どもでも楽しく遊ぶことができます。形が複雑でない物から始めるとよいでしょう。

木のパズルには持ち手がついている物とそうでない物があります。遊び始めのころは、持ち手がある方が枠から取り出したり、はめたりしやすいといわれています。

● スロープの玩具

スロープをおりてくるのを楽しむ玩具です。

遊び方 乗せて遊ぶパーツを、スロープのそばに置くことで遊びやすくなります。スロープをおりてくるパーツは多めに用意してあげると、幾つか並べて置くことに気付くなどあそびが広がります。

スロープの玩具はたくさんありますが、スロープの角度、長さ、おりてくるパーツによって速さに違いがあります。子どもがスロープの上段に置きやすい構造の物を選びましょう。

● 幼児用マーカー

はっきりとした線が色鮮やかに描けます。

遊び方 描くあそびのときに使います。トントンと押し付けるとペン先が潰れやすいので、遊び方によってクレヨンを勧めるなどして、力加減を知らせましょう。水性ペイントマーカーやクレヨンマーカーは、手についても洗い流せます。

描いて遊ぶときの画材はいろいろありますが、マーカーは軽い力で色鮮やかに描くことができます。メーカーにより持ち手の長さ、太さ、ペン先も違います。子どもの手に合った物を選びましょう。

● 積んで遊ぶ玩具

積んだり並べたりして遊びます。

遊び方 積んだり並べたり、ときに集めたりして遊びます。崩れるからこそ、また積んだり並べたりと繰り返し遊ぶことができます。

積み木にもいろいろな種類があります。始めからたくさんの量を用意するのではなく、一人分を意識して置いておくとよいでしょう。どのような遊び方があるのか保育者が知っておきたい玩具です。

● 組み合わせたり、立てたりして遊ぶ玩具

重ねたり、立てたりして遊びます。

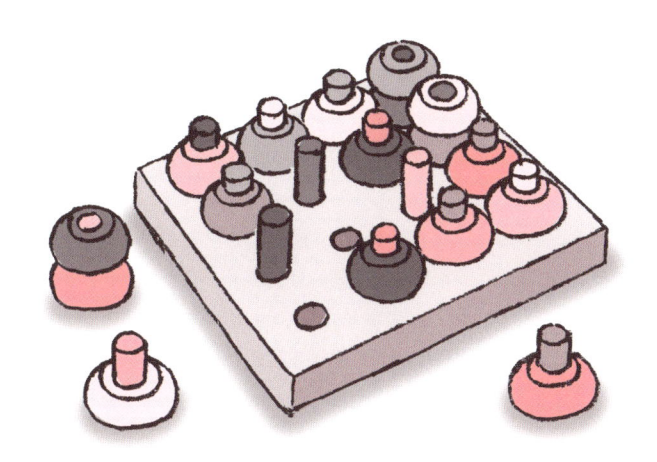

遊び方 重ねたり、立てたりするだけでなく、いくつかのパーツを組み合わせて遊ぶことができるようになります。また、同じ色や形を集めるなど、いろいろな遊び方をします。

パーツを組み合わせて遊ぶことができる玩具は、重ねる、並べる、立てる、刺す、通す、ときには集める、分けるなどいろいろな遊び方ができます。保育者が遊び方を決めてしまわないようにしたいものです。

● 砂水あそびの玩具

水を運んだり、注いだりできる玩具です。

遊び方 水を入れる、運ぶ、水を注ぐことのどれもが子どもにとってはあそびです。保育者からは、できないように見えていることもあそびかもしれません。いつ、どのように援助をするのか考えながら関わりましょう。

いじりあそびとしては幼児が使う大きなジョウロも楽しいのですが、3歳未満の子どもたちが日常的にあそびで使う物は、本体から注ぎ口までの長さが短いこと、水がいっぱいでも持ち手がゆがまない物を選びましょう。

● 砂あそびの玩具

砂や水をすくって遊ぶ玩具です。

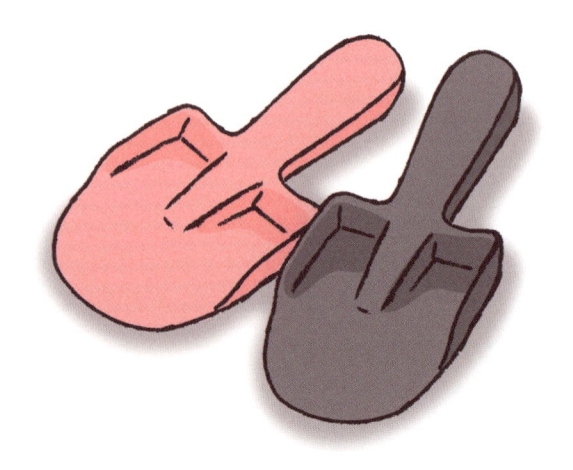

遊び方 砂や水をすくったり、型に入れた砂をトントン押さえるのに使ったりと、あそびを通していろいろなスコップの使い方ができるようになります。バケツ、ジョウロなどの砂水あそびの用具と共に用意したい玩具です。

持ち手が太目で握りやすく、短いものが遊びやすいと思います。砂や水をすくう部分は浅い物、深い物などいろいろです。あそびの様子に合わせて入れ替えるとよいでしょう。砂あそびの用具は定期的に洗いましょう。

● つまんで遊ぶ玩具

ビーズをつまんで動かして遊ぶ玩具です。

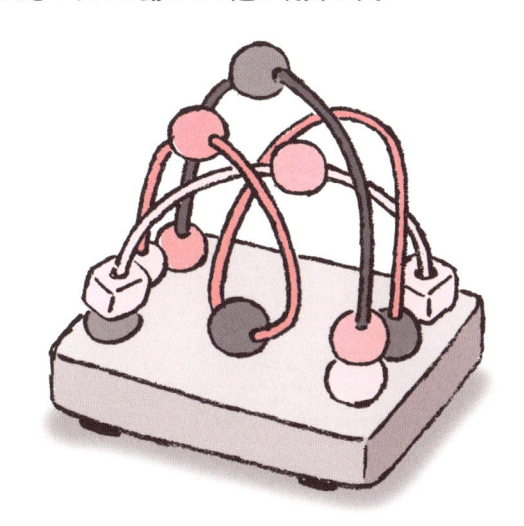

遊び方 ビーズをいじる、ワイヤーの端までビーズを動かすなどして遊びます。子どもが一人で遊ぶイメージがあるかもしれませんが、保育者と一緒に遊ぶことを通して、ビーズのいろいろな動かし方や楽しさに気づいたりします。

土台の大きさ、ワイヤーの形、ビーズの大きさなどで、難易度が変わる玩具です。ワイヤー同士が適度に離れていて、手首をあまり返さなくても、ビーズを動かすことができる玩具から始めるとよいでしょう。

● ひも通しの玩具

穴の開いたビーズにひもを通して遊びます。

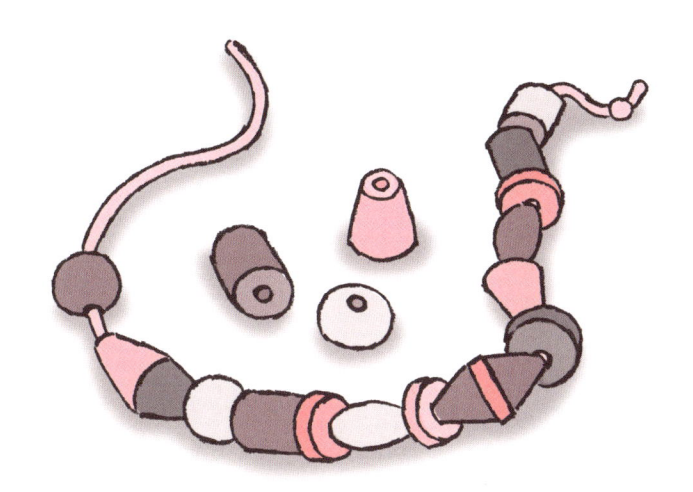

遊び方 穴のあいたビーズにひもを通して遊びます。ひもを通して遊ぶ中で、形や色などを幾つか用意することで、どのようにつなげるか考えたり、工夫をするようになります。

ビーズの穴の大きさと、ひもの先端の固さにより難易度が変わります。手作りの場合は、短く切って、切り口をやすりでなめらかにしたホースなどで代用できます。

第8章

生活の工夫

子どもにとって必要感をもって生活習慣の行為を行なうということが、

自立であるとすれば、行為と共に、なぜするのかという意味を

丁寧に知らせていくことが最も大切な保育者の役割です。

生活習慣は毎日行なわれることです。

だからこそ、流れ作業のようになり、子どもにとって

「促されるから行なう」という

保育者主導の保育になっていないか見直してみませんか？

0・1・2歳児の保育で、生活習慣をみんなで行なおうとすると「バタバタ」と忙しい雰囲気になり、「ちょっと待っててね」と子どもを待たせる時間が生まれてしまいます。「仕方ない」「自分だけでは変えられない」「やり方が分からない」と諦めてしまうのは残念！クラスの保育者みんなで「もう少し子どもとゆったり関わりたいね」と気持ちが重なったら、保育方法を工夫してみませんか？

工夫ポイント❶

保育室のあそび環境の充実を！

生活習慣を、子どもが必要とする場面や、少人数で行ないたいと思ったら、まずは保育室のあそびを充実させることから始めてみるとよいでしょう。子どもが保育室の中で、好きな場、好きなあそびを選択できるような環境を整えます。

工夫ポイント❷

保育者全員が生活の援助・準備に入るのはNG。一人はあそびを支えるポジションに！

保育者全員が生活の援助や準備に入ってしまう場面を意識して減らしていきましょう。一人の保育者でもよいので、あそびのスペースにいるようにします。あそびスペースの保育者は、それぞれのあそびに加わったり、見守りながら必要だと感じる場面であそびを支えたりしましょう。

工夫ポイント❸

早めに始めて、ゆっくり終わる
始めと終わりが重なるのがGOOD！

食事の前に手を洗うとき、子どもたちに「手を洗おう」と呼び掛けて、場所の取り合いになっていませんか。それは子どものせいではなく、保育者の配慮不足かもしれません。個別にそっと声を掛けてみましょう。きっとそのバタバタは解消されます。あそび・生活を一斉に始めたり、終わらせたりしないことが大切です。保育の流れを見直して、意識して時間差をつけるとよいのではないでしょうか。

睡眠に関する発達

0〜6か月 くらい

生後4か月を過ぎると、夜の睡眠時間が5時間程度になってきます。

生後3〜4か月くらいになると、日中少しずつまとめて眠る時間が多くなり、昼と夜の区別がついてきます。

7〜12か月 くらい

日中目覚めている時間が長くなり、午前と午後に1回ずつ睡眠をとるようになります。

1歳〜2歳 くらい

1歳6か月頃になると、日中の睡眠はほぼ1回になります。

2歳に近くなると、日中1回の睡眠はおおむね2時間程度になります。

2歳〜3歳 くらい

2歳を過ぎると、日中必要とする睡眠時間が更に減ってくる子どももいます。

睡眠に関する園での工夫

[0歳児] [1歳児] [2歳児]

食事から睡眠への流れを見直してみよう

食事から睡眠までの時間は、食事を終えるタイミングは子どもにより違いますし、食後すぐに眠りたい子ども、睡眠までの間もう少し遊びたい子ども、衣服の着替えをする子どもなど、保育者が何人いても忙しく感じる時間ではないでしょうか。保育者がそれぞれの子どもに対応したいと思うからこそその慌ただしさと言えます。おおむね決まった保育の流れがあると思いますが、その時々の子どもたちの個性に合わせて見直しをしてみましょう。

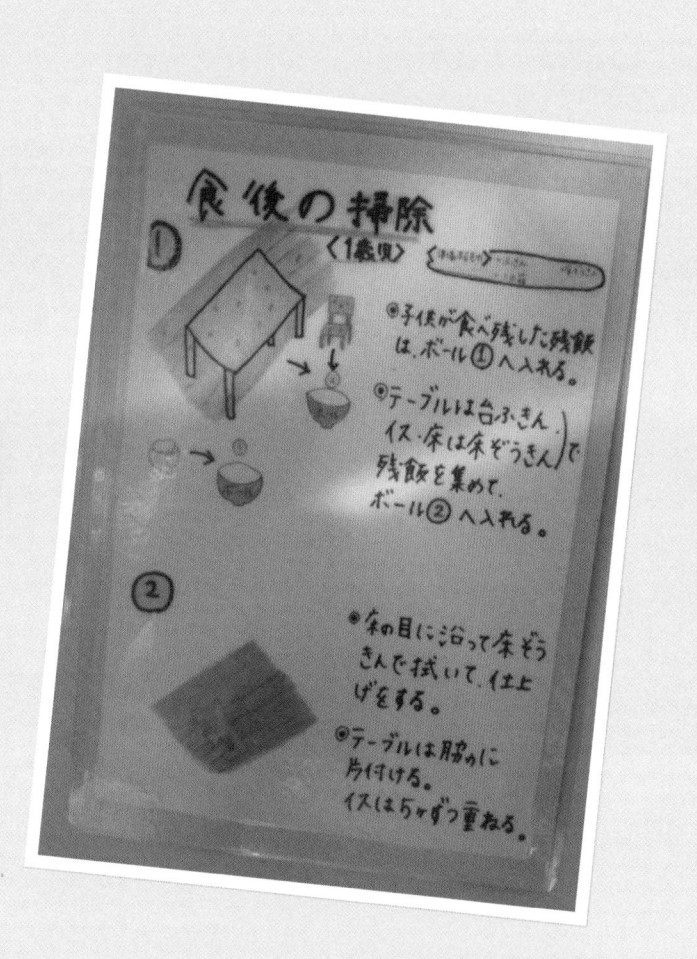

食事の後の流れを見直してみよう

食事の後は、着替えをする子ども、布団（コット）に横になりたい子ども、もう少し遊んでから眠りに入りたい子どもなど、個々の欲求を満たしてあげたい時間です。だからこそ、食事の片付けなどは、誰でも合理的に行なうことができるように、分かりやすく掲示をしておくとよいでしょう。

0歳児 1歳児 2歳児

入眠のための援助を確認しよう

その日の気分や体調にも大きく影響を受けますが、抱っこで入眠するのが好きな子ども、布団（コット）で休んでいる内に入眠する子どもなど、一人ひとりに好きな入眠のスタイルがあります。それを探りながら、援助していけるとよいでしょう。

保育の工夫 自分で布団（コット）はここにあると気付き、自らの意思で入ることができるようになるために、布団（コット）は可能な範囲で同じ位置に敷くとよいでしょう。それが難しいときには、「ここにお布団がありますよ」と場所をお知らせするとよいでしょう。

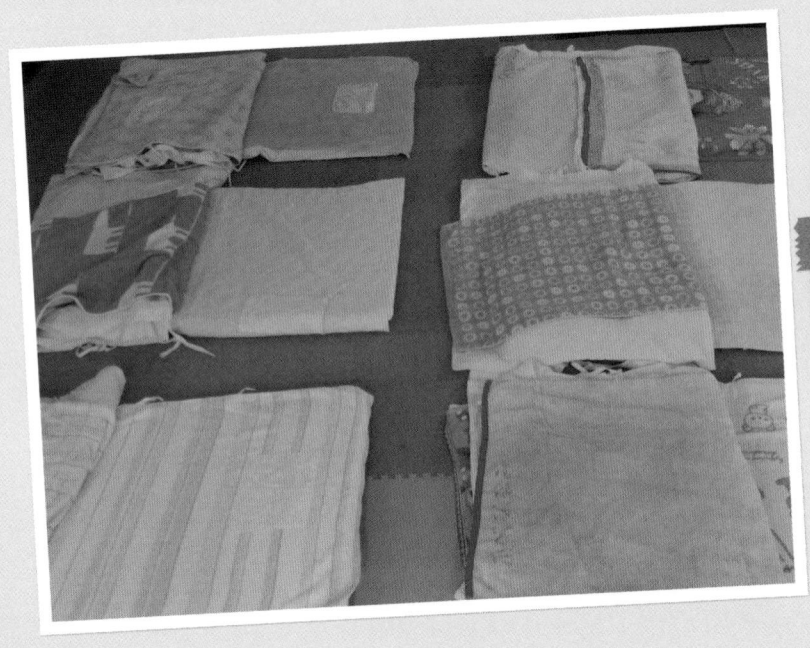

眠くなった子どもが眠れることが最優先

布団（コット）の敷き方は園によりいろいろな考え方がありますが、一番大切にしたいことは、眠くなった子どもがすぐに眠れるということです。

`0歳児` `1歳児` `2歳児`

目覚めた子どものあそび環境を整える

睡眠にも個人差があります。早く目が覚めた子どもが、遊ぶことができる環境を整えましょう。

保育の工夫 コンパクトな保育室では、睡眠の時間に常設のあそびスペースを確保するのは難しいかもしれません。そうした場合は、幾つかのカゴに絵本やシリコン製のブロックなど、遊んでいるときに大きな音が出ない玩具を用意するとよいでしょう。

目覚めている子どもにとってはあそびの時間

保育者からは「早く目覚めた子ども」ですが、子どもにとってはあそびの時間です。

玩具の音を確認しよう

眠りを妨げる音が出ない玩具を置いておくようにするとよいでしょう。

0歳児 1歳児 2歳児
一人ひとり心地よい目覚めを！

入眠と同じように、目覚め方も一人ひとり違います。すっきりと目覚める子どももいれば、泣いたり、目覚めても布団（コット）でしばらく寝ていたい子どももいたりします。

保育の工夫

目覚めてほしい時間よりも少し前に、目覚めを促すようにカーテンを開けて柔らかい光を入れましょう。子どものそばに行き、間もなく目覚める時間になることを伝えてもよいでしょう。穏やかな雰囲気になるか、バタバタと忙しい時間になるかは、保育者の振る舞いや声の大きさによるところも大きいと思います。忙しい時間こそ、保育者は動き方や声の大きさを意識したいものです。家庭での睡眠時間が影響しているようであれば、子どもの睡眠欲求がどうしたら満たされるのか、保護者と連携をとる必要があるでしょう。

目覚めの個性を捉えて援助しよう

目覚めたときに布団（コット）でごろごろしたい子ども、すぐに行動できる子どもなど目覚めにも個性があります。すぐに遊び始められる環境も準備できるといいですね。

着脱に関する発達

0歳 くらい

大人に着脱をしてもらいます。肌着やおむつを替えてもらう中で、気持ちよさに気付いていきます。1歳に近づくにつれ、脱ぎ着を意識し保育者に協力するような姿も見られます。

1歳 くらい

自分で帽子や靴などを脱げるようになります。また、靴下を自分で脱ごうとする姿や、ズボンやパンツを自分ではこうとする姿が見られるようになります。自分でしようとしているときに、保育者が手助けしようとすると、「ジブンデ！」と言って嫌がるときもあります。

2歳〜3歳 くらい

上の服を一人で脱げるようになります。また衣服の前後、表裏も分かるようになり、3歳になるとパンツを腰まで引き上げてはくこともできるようになります。

着脱に関する園での工夫

0歳児 1歳児 2歳児

着替えさせてもらう心地よさが
自分のやってみたいにつながる

衣服の着脱は、寒暖に合わせて調節したり、汚れたときに新しい衣類に着替えたりと、その時々で意味合いが違います。衣服の着脱に関しては、手指の発達や個人差がありますがおおむね1歳頃から興味をもち始めます。例えば靴下を自分で脱ごうとしたり、ズボンの前側をあげようとしたりといった自分でしたがる姿も見られるようになってきます。3歳近くになると、遊んだり、食事をしたりして衣服が汚れたら、自分で気付くようになってきます。汚れに気付くのは、着脱の自立への一歩です。

保育の工夫 着替えは、大人の感覚で手早く進めてしまうのではなく、子どもとやり取りをしながら行ないたいものです。大人にしてもらったように身についていきます。
また、子どもがやりたがったり、できるようになったりしても、保育者が確認をして整えてあげることは必要な援助です。

子どもが自分でやりたがるようになる時期には、クラスで一つではなく、数人で一つという風に分割できるような入れ物がおすすめです。

入れ物の工夫

清潔を保てる工夫

イスに掛けてあるタオルは頻繁に交換できるようになっています。
子どもの素肌に触れる物は、衛生的で、肌触りがよい物がよいでしょう。

0歳児 1歳児 2歳児

あそびにつながることから始めよう

着替えは、保育者が丁寧に行なうことから始まり、成長と共に子どもも着替えに参加するようになります。その先に自分なりに行なおうとする自立へつながっていきます。

保育の工夫 戸外にあそびに行くときに、帽子をかぶったり、靴下を履いたりすることは、どの園でもあるでしょう。子どもにとって楽しいあそびにつながる行為から、着替えに親しむことができるとよいのではないでしょうか。あそびに出掛けるときには、自ら手に取りやすい入れ物を、子どもの手が届く所に置いておくとよいでしょう。

上着の工夫

子どもたちが洗濯バサミで遊ぶことが好きな時期に、引っ掛けるのではなく、洗濯バサミで挟むことができる手作りの上着掛けを作っている園もあります。

0歳児 1歳児 2歳児

季節、活動により着替えをすることを知らせる

暑いときには薄着になったり、寒い時期に戸外に出るときは上着を着たりするなど、場や季節に適した服装があることを、生活を通して子どもに知らせていきます。

保育の工夫
「今日は暑いね。お洋服脱ごうね」と状況と着替えについて声を掛けたり、「今日は風が強くて寒いね。先生も上着着ようかな。○○ちゃんもどうですか?」など、子どもの意識が自分の衣服に向いたり、行為につながったりするような働き掛けをしましょう。

なぜ着たり、脱いだりするのか伝えよう

「寒いから着る」「暑いから脱ぐ」ということを子ども自身が判断してできるようになるために、声を掛けながら援助をしたいものです。

1歳児 2歳児

時間的なゆとりをもって
「やりたい」気持ちを大切に

子どもは「ジブンデ！」と、難しいことにも挑戦しようとします。子どもの意欲は大切にしたいと思っても、どこまで見守り、どこから援助をしたらよいのか迷うことがあるのではないでしょうか。

保育の工夫　時間に制約のあるときなどは「早く」とせかしてしまいがちです。時間が掛かっても、子どもの「やりたい」気持ちを受け止めながら、できない部分をさりげなく援助していくためには、時間的なゆとりが大切です。また、着替えを早く終えた子どもが遊ぶことができるスペースがあるとさらによいでしょう。

帽子入れの工夫

出したり、入れたりするのが好きな時期に、子ども自身が出し入れしやすい位置にポケット式の入れ物を用意しています。

0歳児 1歳児 2歳児

履いたり、脱いだりする援助を丁寧に行なう

大好きな戸外あそびに行くときに履く靴下は、子どもにとって身近な衣類の一つでしょう。はじめは、脱いだり、履いたりするときに保育者の援助が必要です。

保育の工夫 子どもが靴下を自分で脱ぐ姿を見ていると、つま先をギューっと引っ張っている子どもと、足首の靴下の口に指を入れてぐっと下げてつま先の方に寄せてから、スルリと靴下を脱ぐ子どもがいます。その差は、それまでどのように援助をしてもらってきたのかだと思います。着る、脱ぐときも結果だけではなく、丁寧に関わりたいものです。

子どものロッカーの近くに手作りのイスが置かれています。子どもの動線を遮ることなく、身近な場所で着替えられるようにしてみましょう。

着替える場所の工夫

靴棚の工夫

保育室の入り口にある靴棚の工夫です。子どもの靴の大きさよりも、少し大きな足跡がたくさん並んでいます。なんだか靴を置くのが楽しくなりそうです。

清潔に関する発達

12か月 くらい

新陳代謝が激しく、よく汗をかきます。保育者におむつを替えてもらったり、沐浴して拭いてもらったり歯を磨いてもらうことで心地よさを感じ、おむつが汚れると泣いて知らせます。

1歳〜2歳 くらい

うまくできないことも多いですが、自分で手を洗おうとしたり、おしぼりで口や顔を拭こうとしたりします。また、片付けをあそびとして行なう中で、きれいになる気持ちよさに気付くこともあります。

2歳〜3歳 くらい

清潔になると喜んだり、パンツがぬれると保育者に知らせたりします。鼻水も徐々に自分で拭けるようになり、3歳になると鼻をかもうとするようにもなります。

清潔に関する園での工夫

0歳児 1歳児 2歳児

子どもができるようになるまでの プロセスを丁寧に！

生活習慣が「身についた」とはどういった姿でしょうか。手を洗う、タオルで手を拭く、口の周りを拭く・・・園生活の中には多くの清潔に関する行為があります。急いでいると、ついバタバタしがちですし、大人の感覚で行なってしまいがちになります。多くの園で同じ悩みを抱えています。だからこそ、ゆっくりと関わることができる瞬間を大切にしましょう。

保育の工夫　保育者の援助は大人の感覚で行ないがちですが、子どもが習慣として身につけていくためには、子どもが行なうほどの強さ、速さを意識したいものです。もう一つ心掛けたいのは、子どもが驚いたり、不快に感じたりしないように急に行なわないことです。

子どもは興味・関心をもったことに対して、いつか自ら関わろうとします。生活習慣もまずは保育者に丁寧にしてもらうことから始めて、興味・関心が芽生えたときに挑戦してみるという個別性を大切にしましょう。

着脱の環境の工夫

トイレからの動線に着替え用のイスを置いている園の写真です。清潔を保つことができる素材の座面が工夫されてるイスです。

保育の工夫　どの生活習慣も、将来的には身につけてほしいことなので「いつか、一人でできるようになるといいね」という願いはもって援助をしたり導いたりしていきます。保育者にゆとりがなくなると、「できるけど今日はお手伝いしてほしい」という子どもの気持ちを受け止めにくくなってしまいます。行為としてはできるけども、「今日は先生と一緒がいいな」という気持ちが受け止められることが、保育者への信頼感にもつながるように思います。ゆっくりと生活習慣を形成しましょう。

クラスで一つは子どもが集まりトラブルが起きやすい

自分の靴を見つけて出し入れできる時期になったら、幾つかに分けられる靴入れがおすすめです。

0歳児 1歳児 2歳児

保育者の姿から片付けの意味に気付いていく

保育室に玩具が散らかり、どうしたら子どもたちが片付けをするようになるのか悩んだことはありませんか？子どもの遊び方をよく観察してみましょう。好きなあそびが見つからずに玩具に触れて、その結果散らかるのと、あそびの場をつくりたくて、そこにある玩具を寄せたり、遊んだりしている過程で、玩具が散らかるのは質的に異なる散らかり方です。

保育の工夫　歩行が安定するまでは、子どもの周囲の玩具で不要と思うものは保育者が片付けて構いません。成長と共に、遊んでいた物を置いて、他のあそびを始めたときには「これで遊ぶのかな？」と声を掛けてみましょう。もう遊ばないというときには、一緒に片付けたり、場合によっては保育者が「ここに置いておきますね」と元に戻す姿を見せてもよいでしょう。

朝や帰り、それから子どもが寝ている時間などに整理整頓をしながら、手入れが必要な玩具を確認しましょう。

保育の工夫　保育者が率先して片付けながら、毎回同じ場所に片付けると、遊びたいときに探さなくてもよいことや、「片付けすると気持ちいいね。また遊ぼうね」と部屋が片付くと心地よいことを知らせていきましょう。「片付け」の意味を、生活を通して実感することが、主体的な片付けにつながります。

整理整頓は
すき間時間を活用

0歳児 1歳児 2歳児
子どもの手が届く所に置こう

「きれいにする」ということを子どもに知らせていくときに、汚れていることを知らせてから、保育者がきれいになるように援助していくと、行為の意味も分かりますし、子どもも見通しをもちやすくなります。

 子どもの育ちに合わせて、食事時に口を拭くタオル、ティッシュなど、子どもが必要なときに使える場所に置くようにしましょう。

子どもが使うための清潔の環境

子どもがいつでも使うことができるように、子どもの目線に合わせた位置に鏡とティッシュが置いてあります。

2歳児

2歳児

子どもが使う生活用品は
シンプルで清潔を保ちやすい物に

自分でやってみたいという気持ちが高まる2歳児クラスでは、自分で口や鼻を拭くなどするようになり、子どもがゴミを捨てる場面が増えてきます。

保育の工夫 子どもと保育者が共用で使っても構いませんが、子どもが使うための小さなゴミ箱を置いて、使い終えた物を捨てるということを何となくではなく、清潔の習慣として経験できるようにしてもよいでしょう。折々に中を空にしたり、清潔を保つようにしましょう。

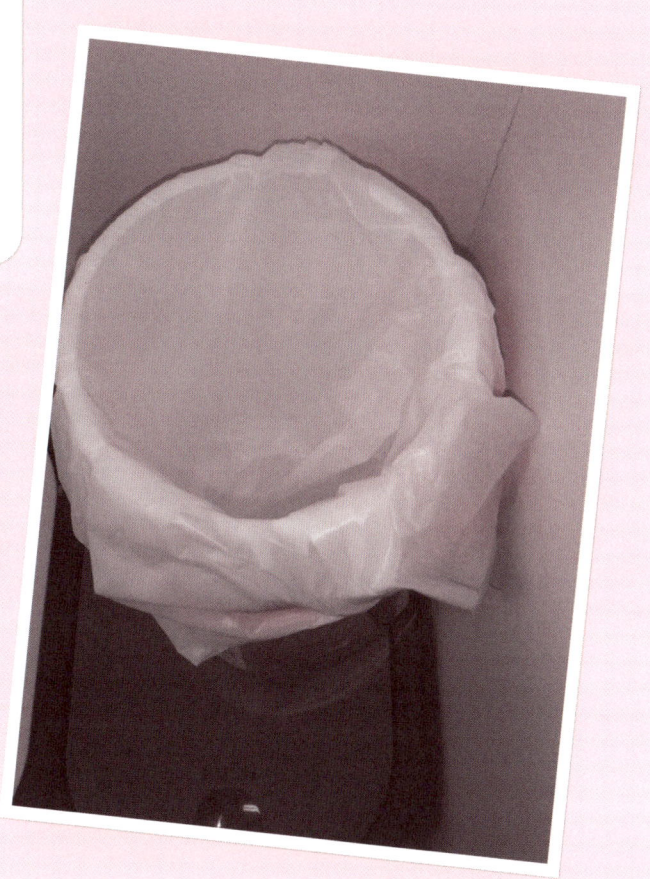

子どものゴミ箱

子どもが使うゴミ箱の入れ口は大きくて、袋が交換しやすい小さめの物がよいでしょう。写真のゴミ箱は、円柱型のウエットティッシュの入れ物を再利用しています。

2歳児

口の中に水をためられるようになったら うがいの大切さを伝えよう

戸外から戻ったときなどにうがいをするときに、大人はのどの奥に水をためてガラガラとできますが、まずはその前段階として、水を口に含んでくちゅくちゅと口をゆすぐことから始めてみるとよいでしょう。

保育の工夫 生活習慣の始まりは、保育者と一緒が基本です。「うがいをしてね」と口頭で促すよりも、保育者も一緒に水を口に含んで、くちゅくちゅうがいをゆっくりと一緒に行ない、「口の中がすっきりしたね」「口の中のばい菌いなくなったかな」とうがいをすることのよさと意味を、経験を重ねる中で得られるようにしていきましょう。

うがい用のコップは共用しない方が安心

うがいをするときに使用するコップは園の物でも構いませんが、一つのコップを複数の子どもが使うのは感染症予防の点から避けましょう。

2歳児

履ければいいではなく、
靴に足を納める方法も丁寧に伝えよう

靴を自分で履いたり、脱いだりといったことは、自分なりにできるようになることも多いのですが、足がちょうどよい位置に納まるように、トントンとするとよいことなどを丁寧に知らせていきましょう。

保育の工夫　足が入りにくいような靴であれば、かかとにリングをつけてもらい、子どもがそれを引っ張ることで履くことを容易にします。それに慣れたらリングを外して指でかかとをつまんだり、指を入れたりして調節するとよいことも知らせていきましょう。いずれにしても、履ければよいということに留まらず、「きちんと」身につくということに向けて、一人ひとりに援助していきたいものです。

**靴棚周りの
一工夫**

靴を脱いだり履いたりするときにはかがんだり、意外と広さが必要です。靴棚の周囲には物を置かずにスペースを確保しています。

食事に関する発達

0〜6か月 くらい

生後4か月頃までは、ミルク（母乳）から栄養を摂取する時期です。生後3か月頃になると、授乳のリズムができてきます。

生後5か月頃「吸てつ反射」が消えて、液体に近いポタージュのような食べ物を飲み込むことができるようになります。

7〜12か月 くらい

いろいろな食材を経験する中で、舌で押し潰す咀嚼から、歯茎でかむ咀嚼へ変わってきます。

生後9か月頃から、離乳食を1日3回、おおむね決まった時間に食べるようになります。離乳食を食べた後のミルク（母乳）は、欲しがらなくなる子どももいます。

手で食べ物をつかみ、口に運ぼうとするようになります。

1歳〜2歳 くらい

ほとんどの栄養を食事から摂取するようになります。ミルク（母乳）を欲しがらず、離乳が順調で、心身の健康面でも問題がないようなら、卒業する子どももいます。1歳6か月を過ぎた頃から栄養としての授乳は必要なくなります。

上手持ちでスプーンが持てるようになります。

2歳〜3歳 くらい

1日3回の食事と1回の補食（おやつ）から栄養を摂取します。

歯が上下10本ずつ生えそろい、しっかりとかむことができるようになります。

食事に関する園での工夫

| 0歳児 | 1歳児 | 2歳児 |

「食べる」を多様な視点で捉えよう

「食べる」というのは、食事をどれくらい食べたかという摂取量の他、姿勢、食べ物を持つ手指、口への運び方、咀嚼の仕方など、とても多様な視点があります。保育者は、いろいろな視点で子どもの「食べる」姿を捉えて援助に生かしましょう。

子どもに適切な
援助をしよう

子どもが一人で食べたがるときに、子どもの主体性を大切にするということで、任せ過ぎてしまうと、食べこぼしなどでひどい状態になってしまうことがあります。一口の量が多ければ減らしてあげたり、口の周辺が汚れていたら拭いてあげたり、様々な視点からの援助をしましょう。

手づかみ食べから食具へ

子どもがスプーンを持ったときに、持ち手の先端を握っていることがあります。そのようなときには、正しい位置を持つ方が食べやすいことを伝えましょう。

保育の工夫 食具にもスプーン、フォーク、箸などいろいろな種類があります。

まずは、スプーンやフォークなど子どもが扱いやすい食具を通して、今日は「シチューだからスプーンがぴったりだね」など食べ物と食具の組み合わせについて気付いていけるように、保育者が声を掛けて知らせていきましょう。

食事中、隣に座る子どもと腕がぶつからない程度に離れて座ることができるようにしましょう。

食事に必要な広さを考えてみよう

食具にのせる適量を知らせよう

子どもが食べ物をすくうと、スプーンに山盛りになりがちです。口に入れる適量は保育者が知らせていく必要があります。

0歳児　1歳児　2歳児

完食を目的にするのはやめよう

気分や体調で食べる気持ちは変わりますし、メニュー、見た目、味など多様な要素で「イヤ」「イラナイ」となることが頻繁にあるのが、0・1・2歳児の食事です。

舌にある味を感じる「味蕾」は、成長と共に減っていきます。また、幼児期になり、野菜を栽培したり、収穫したりすることで身近に感じる食材が増えるなど、食の経験を重ねることによっても食べられる物は変化していきます。全量を食べさせようとすること、好き嫌いさせないことが優先される食事は、子どもにとっては保育者への不信につながりますし、保育者にとっても辛い食事の時間になってしまいます。

保育の工夫　一人ひとりの「お腹いっぱい」はどの程度の量なのか、毎日の保育の中で確認しておくことが大切です。また、子どもが好きな物を食べる一方で、保育者が「これもおいしいよ」「さっぱりするよ。食べてみる？」など、子どもが手をつけないメニューに気付いたり、関心を寄せたりするきっかけをつくるのも保育者の大切な役割です。

**一人ひとり
適量は違う**

日頃の様子から、その子どもの適量を捉えましょう。規定の量があっても、柔軟に対応することが大切です。

0歳児	1歳児	2歳児

保育者の立ち歩きを減らす工夫をしよう！

食事をしている子どものそばで援助をする必要性は分かっていても、何かと立ち歩かなくてはいけないことも多いものです。立ち歩くのはなぜでしょうか？　手元に置けるものは用意しておいたり、置き場所を変えたりしてみましょう。

保育の工夫　テーブルや必要な物品の位置を一度変えてみて、元の方がよいと思うこともあります。そのようなときには、元に戻してもよいと思います。それは後戻りではなく、「今はこれでいいね」という前向きな気付きといえます。

「子どもが心地よく」「子どもが楽しく」という目的はどの園でも同じですが、その方法は多様でよいと思います。子どものことをよく見る、工夫できるところはないか話し合うということが、保育者の力量を高めていくことにつながっています。

立ち歩く原因を探してみよう

食事をしているときに子どものそばから離れたり、立ち歩いたりすることがあれば、それはなぜなのか確認してみましょう。0・1・2歳の食事は保育者の援助が必要です。

0歳児　1歳児　2歳児

イス&姿勢をチェック！

支えがなくても、どこかにもたれたりしないで座ることができるようになったら、一人でイスに座って食事をするようにしましょう。子どもの体格はそれぞれ違います。「食べる」というのは量、食具の使い方、口や舌の動き、飲み込み、そして何よりも「気持ちが満たされる食事」であることが大切です。その基本となる、環境は保育者が意識して整えたいものです。

保育の工夫　子どもなりに腕や手を動かして食べることができるように、隣に座る子どもとの距離は十分にあるか確認してみましょう。「座る」のと「食事をする」のでは、必要な広さが変わります。
足が床に着いていない場合は、台やバスマットを切った物で調節をして、足が着くようにしましょう。また、子どもの肘よりも机が高いと食べにくいので、イスを変えたり、座面を調整するとよいでしょう。

園にある物で工夫をしよう

保育者が個人で工夫できるのは、保育の流れや物の置き方です。一斉に全員が食べていたのを、テーブルを半数にしてみるなど、できる範囲で工夫をしてみましょう。

排せつに関する発達

0〜6か月 くらい

膀胱（ぼうこう）に尿をためることは難しく、意思とは関係なく、1日約20回程度排尿します。
おむつがぬれると泣いて知らせます。

7〜12か月 くらい

1回の尿量が増し、排尿回数が減ってきます。1歳近くになると、排尿の間隔が長くなり、1日当たり10〜16回となります。

1歳〜2歳 くらい

尿を膀胱にためておけるようになってきます。排尿のコントロールはできませんが、2歳に近くなってくると個人差はありますが尿意を感じるようになってきます。
1歳6か月くらいになると、排尿回数はおおよそ1日10回程度になってきます。おむつがぬれると知らせるようになる子どももいます。

2歳〜3歳 くらい

尿をある程度まとめて排尿することが可能になります。
1日の排尿回数が6〜8回程度になってきます。
3歳に近くなってくると、「おしっこがしたい」と尿意を感じてからおしっこが出るようになります。

排せつに関する園での工夫

0歳児 1歳児 2歳児

子どもが落ち着ける環境をつくろう

どの園でも、出入り口や動線、食事をする場所との距離などを考え、おむつを替える場を設定していることと思います。子どもにとって身近な大人におむつを替えてもらうという保育行為は、日に何度もあることです。子どもが「自分は大切にされている」と感じられる、質のよい関わりの場面になることが理想です。

保育の工夫 子どもが落ち着いて過ごすことができるように、可能な範囲で他者からの目線を遮ることができる工夫をしましょう。消毒ができるつい立てや、洗うことができるカーテンなどを用いると、衛生面でも安心です。

子どもへの配慮

おむつを替えてもらう子どもも周囲の目線を感じることのないような環境をつくれるとよいでしょう。

トイレの環境設定

トイレは清潔を保つだけでなく、子どもが行くことを嫌がらない工夫も必要です。寒い地方では暖房器具を置いたり、着替えスペースにホットカーペットを敷くなどの工夫をしています。

0歳児 1歳児 2歳児

声を掛けながらおむつを替えよう

「おむつを替える」ということを子どもの視点から捉えると、あおむけの姿勢に寝る、おむつを替えるために着衣を脱がせてもらう、おむつをはずしてもらう、新しいおむつにしてもらう、抱き上げられるなど、幾つかの動作が連なっています。保育者は複数の子どものおむつを替えることになりますが、子どもにとっては保育者と個別的に関わることができる時間です。

保育の工夫 子どもが驚いたり、どんな意味があるのか分からないままされたりすることがないように、保育者は子どもの気持ちを考えながら、声を掛けておむつを替えましょう。次第に子ども自身が身につけていく習慣も、一つひとつ意味があるのだと知っていきます。保育者の小さな心掛けも、子どもへの影響はとても大きいと思います。

プライバシーへの配慮

排せつをしている子どもが見えにくい方向にイスを向けています。排せつはプライベートなことという配慮がみえます。おむつがぬれていないか確認したり、排せつに誘ったりするときの保育者の声の大きさにも配慮しましょう。

0歳児 1歳児 2歳児

おむつ替え、トイレへの誘い方

生活場面でも子どもの主体性は大切にしたいものです。排尿するときにそれと分かるしぐさをしたり、おむつがぬれると教えてくれる子どももいますが、おむつがぬれていないか、保育者が確認をすることも多いと思います。急におむつを覗かれると、子どもも驚いてしまいます。

保育の工夫 子どもに声を掛けてから、おむつを確認するように配慮をしましょう。自らトイレに行き、排せつをするようになるまでの過程では、保育者がトイレに誘うこともあるでしょう。そのようなときも、保育者が子どものそばに行き、トイレに行かなくてもよいか、声を掛けるようにするとよいでしょう。

2歳児のトイレの工夫

自らトイレに行くようになる時期です。保育者は付き添いますが、子ども自身が行き来したり、身だしなみを整えたりできるように環境を整えましょう。

1歳児のトイレの工夫

トイレが遊ぶ場所でないことは学んでいきますが、探索好きな1歳児クラスの子どもたちのために、コーティングされた紙で楽しい便器の蓋が作られています。

0歳児 1歳児 2歳児
園で処理をする場合は登園時のおむつの枚数を決める

おむつの処理の方法が、保護者の持ち帰りから園で処理をするという方向に変わりつつあります。保護者が、布おむつと紙おむつの選択をする園もあれば、園の方針で布おむつという園もありますが、家庭から紙おむつを持参するという園が多いのではないでしょうか。

保育の工夫
おむつを使うときに記述をする園もあるようですが、日に何度もあることですから、その時間がわずかであっても子どもから目を離すことになります。例えば、登園したときに、決めた枚数を用意していただくと、お迎えの際に減っているのが使用した枚数だと理解していただけます。

おむつの工夫

保護者がおむつを持ち帰る園は減る傾向にあります。使った枚数を報告するよりも、あらかじめ決まった枚数を用意してもらい、帰りに使用枚数を確認してもらうとよいでしょう。

1歳児 2歳児

排せつが上手くいかないときには温かい関わりを

排せつの自立過程では排尿が先に成功することが多く、排便ができるようになるのは後の場合が多いようです。また、それまでできていても、体調不良などのちょっとしたきっかけでうまくいかなくなることもあります。特に、パンツで過ごすようになってからうまくいかないと落ち込む子どももいます。

保育の工夫 保育者は、子どもの気持ちを受け止めて、次はきっと大丈夫と励ましながら、排尿間隔を意識しながら、トイレへ誘い掛けるなど、排せつの援助していきましょう。

うまくいかないことが多くても、子ども自身が前向きで、体調も問題がない場合、パンツで過ごす時間を大人の都合で決めるのではなく、可能な範囲で子どもの気持ちを大切にしたいものです。

手洗いスペースの工夫

手洗いの場所の横にさりげなくイスが置いてあります。並んで待つだけではない工夫も考えてみましょう。

朝の受け入れに関する園での工夫

`0歳児` `1歳児` `2歳児`

どの時間帯に登園する子どもも穏やかな始まりを

時間によって、子どもが日中過ごす保育室とは違った場に登園することや、担任の保育者が不在のこともあります。また、朝のおやつを終えた頃に登園する子どももいるでしょう。いつも忙しそうな急かした雰囲気での迎え入れになってはいないでしょうか?

保育所や認定こども園の0・1・2歳児クラスの子どもたちの保育時間は、それぞれの事情により異なっています。

毎日のように登園する子どもたちのことを考えると、前向きな気持ちの日もあればそうでない日もあります。もしかしたら、保護者の方も同じかもしれません。

保育所やこども園は、子どものことはもちろん、どんな自分でも穏やかに受け入れてもらえる、親子にとって安心できる場になっていけるとよいと思います。まずは子どもと保護者に挨拶をして、待っていましたよという気持ちを伝えましょう。保育者が子どもを受け入れる姿を確認することで、保護者は安心することができます。

保護者への配慮

登園してきた保護者に保育者の居場所が分かりやすい表示の工夫がされています。

0歳児　1歳児　2歳児

その日の保育で配慮する 情報のやり取りをしよう

保護者の方には、登園時はその日の保育で配慮してほしいこと、例えば体調のことやいつもとお迎えの時間が異なることなど、いつもと違うことを中心に伝えてもらうようにするとよいでしょう。保護者からの連絡がもれてしまうと、子どもの保育に影響があるだけではなく、園への信頼を損ねることにつながることもあります。保護者からの連絡などは保育者同士では確認したいのですが、他の保護者から見えるのは困ることもあります。限られた保育室内ではありますが、保護者が主に使うスペース、保育の遂行に必要な情報を管理する保育者のスペースを意識して分けるとよいでしょう。

保護者が必要な情報 を分かりやすく

保護者が使うスペースには、保護者が必要とする情報を写真や図を使って分かりやすく掲示しましょう。文字だけに頼らず様々な国籍の人でも読めるように意識すると、誰にでも役立つ物になります。

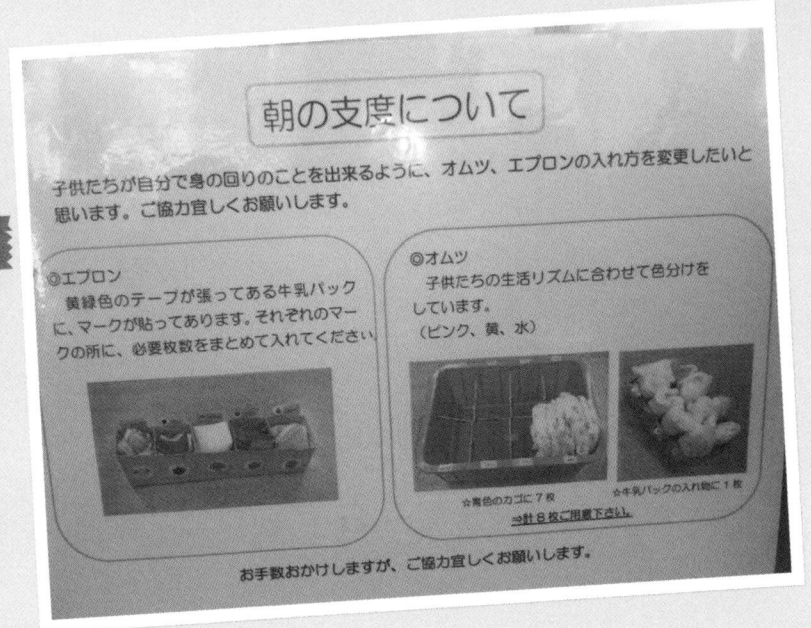

お迎えの時間に関する園での工夫

0歳児 1歳児 2歳児

子どもと保護者が気持ちよく
帰宅できるように支えよう

夕方のお迎えが多い時間帯、何度も保育室の戸が開いて、子どものあそびがその度に中断されるということになっていないでしょうか。保育者が少なくなる時間帯でもありますし、一緒に遊んでいた保育者は立ち上がって目の前からいなくなるということが繰り返されがちにもなります。子どもの様子を見ながら声を掛けてから離れるなど、迎えを待つ子どもにとっては遊びながら過ごせるように配慮したいものです。

また、子どもと同様に保護者の方にも受容的に関わることで信頼関係を築いていきたいものです。保護者の方が保育室を出るときには、子どもにも保護者にも挨拶をして送り出しましょう。小さなことですが、意識をしてどの時間にお迎えにいらっしゃる方にでも行なっていくことはとても大切です。

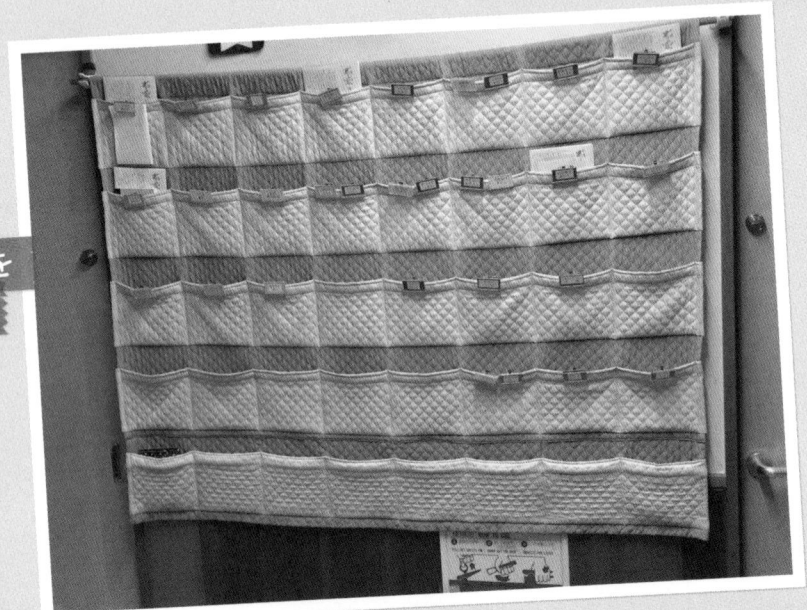

文書配布の決まりを確認しよう

ウォールポケットには、全員に配布するものを入れるようにしている園もあります。間違えて他の保護者に渡ってしまうと、「個人情報の流出」という大事になってしまいます。

0歳児 1歳児 2歳児

最後の確認をしっかり！

連絡帳の記入は日中にできればよいのですが、バタバタと慌ただしく過ぎる日もあります。そんな日ほど、連絡帳に記入漏れがないか確認をしましょう。また、着替えた衣類などは、簡単でもよいので汚れを落としてたたんでしまっておくことも大切です。子どもに直接関わることが、保育では優先されるべきですが、自分が用意したものを子どもが使っている、保育者にも大切に扱われていると感じることは、保護者にもきっと伝わります。

保護者の立場を考えてみよう

直接のコミュニケーションが基本ですが、園生活が初めての保護者の立場になって、誰にでも分かるように連絡帳の書き方を職員間で共有している園もあります。

0・1・2歳児の保護者対応

日々のやり取りを大切にしよう

送迎時や連絡帳を通して、日々の子どもの姿を伝えたり、何げない保護者とのやり取りを大切にしたりすることが、園や保育者への信頼と親しみにつながります。そうした積み重ねがあると、何かうれしい成長が見られたとき、困り事があるときなどに、子どものことを話したい相手として保育者が選ばれるのだと思います。

朝は元気な笑顔で挨拶！

子どもが認められると、保護者もうれしいものです

ちょっと元気がないかな？と思ったら声を掛けてみましょう

保護者にとって家庭での子どもの様子を聞いてもらえる存在は、とても重要です

あしたの保育も楽しみに、元気にさようなら

信頼される保育者になるために

新任の先生やその園に転職したばかりの先生は、保護者にいろいろ質問をされると間違いのない対応をしなくてはいけないと緊張するかもしれません。

慌てずに話を聞こう

名前が分からないときは、
自分の名前を名乗ってから、もう一度尋ねよう

信頼される保育者になるために

聞くだけでよいことなのか、対応が必要なことなのかを考えよう

園の中でいつ、どのように共有・報告するか考えよう

その場で回答・対応できなければ、時間がかかることを伝えよう

他児や保護者の個人情報の漏えいに配慮しよう

信頼される保育者になるために

● 嘘をついたり、隠したりしないで共有・報告しよう

● 自分の感想や推測を交えずに、
ありのままを上司や同僚に共有・報告しよう

連絡帳の役割を考えてみよう

連絡帳の在り方も時代とともに変わってきています。連絡帳に決まった定義はありません。0歳児・1歳児クラスで多く用いられていることから、連絡帳は、家庭と園双方で、授乳や離乳食の摂取時間と量、睡眠時間、排せつ、体温、機嫌などの情報を共有して、保健的な視点でも手厚い援助が必要な時期の子どもが健やかに過ごすことができるようになるためのものと考えることもできます。いずれにしても、連絡帳を記述する年齢の担任になったら、その園では連絡帳にどのような役割があるのか確認してみましょう。目的が明確だと、記述が負担にならないように様式変更したり、IT化するときにも、何を削減し、何を残すのか取捨選択しやすいでしょう。

連絡帳の書き方再確認！

連絡帳に記された内容は園の考えとして受け止められ、一度書いた内容を簡単に取り消すことはできません。連絡帳は園として保護者の方へ発信する「公的な書類」であることを忘れてはいけません。一方で、具体的にどのような保育を行っているのか、子どもの姿と保育の工夫を伝えることができる貴重なツールでもあります。

子どもの様子を具体的に、前向きな表現で書きましょう

他の子どもやきょうだいと比較した記述はしないようにしましょう

事故やケガに関することは安易に記入せず、口頭で伝えましょう

言葉遣いや誤解を招く表現には注意しましょう

たくさん書きたいことがあっても枠内に収めましょう

伊瀬玲奈

元・和洋女子大学人文学部こども発達学科准教授

専門は保育学。保育所、幼稚園における保育経験の後、大学院に進学、東京未来大学講師を経て現職。保育所・こども園を訪問し、実践研究を積み重ねた。著書に『0.1.2歳児保育「あたりまえ」を見直したら保育はもっとよくなる!(学研プラス)』(共著)などがある。

【企画協力】
鈴木みゆき

【執筆者一覧】
金元あゆみ(相模原女子大学学芸学部子ども教育学科講師)
岩﨑淳子(大東文化大学文学部教育学科講師)
永田英津子(元公立保育園長、保育心理士)
青戸福祉保育園(園長・小島明子　太田希絵　菅原舞　末廣明子)東京都葛飾区
中青戸保育園(馬弓アキ)東京都葛飾区
青戸もも保育園(都築亜季)東京都葛飾区
青戸ひだまり保育園(小林幸子)東京都葛飾区
(所属・肩書は執筆時)

【わらべうた・手あそび監修】
植田光子

【写真協力】
青戸福祉保育園
ことぶきこども園

STAFF

本文デザイン● mogmog Inc.
イラスト● Meriko　にしださとこ　とみたみはる
　　　　　山田美津子　ささきともえ　すみもとななみ
　　　　　森のくじら　なかのまいこ　みやれいこ
　　　　　中小路ムツヨ　石川元子
楽譜● 株式会社クラフトーン
編集協力・DTP・校正● 株式会社エディポック
企画・編集● 安部鷹彦　山田聖子　北山文雄

年齢別保育資料シリーズ
2歳児のあそび

2019年3月　初版発行
2025年7月　第4版発行

編著者　伊瀬玲奈
発行人　岡本 功
発行所　ひかりのくに株式会社

〒543-0001　大阪市天王寺区上本町3-2-14
TEL06-6768-1155　郵便振替00920-2-118855

〒175-0082　東京都板橋区高島平6-1-1
TEL03-3979-3112　郵便振替00150-0-30666

ホームページアドレス　https://www.hikarinokuni.co.jp

印刷所　TOPPANクロレ株式会社

©2019 HIKARINOKUNI　　　　　　Printed in Japan
乱丁・落丁はお取り替えいたします。　ISBN978-4-564-61562-7
JASRAC 出 1901586-504　　　　NDC376　224P　26×21cm